꼬부랑 꼬부랑
팔조령 인생길

한산문화연구원

꼬부랑 꼬부랑
팔조령 인생길

지은이 | 김수영
펴낸이 | 최병식
펴낸날 | 2025년 10월 1일
펴낸곳 | 한산문화연구원
　　　　서울특별시 강남구 논현동 6-21 6층 606호
　　　　TEL | 02-516-2224(대표전화)
　　　　FAX | 02-516-2202
　　　　e-mail | hansanmunhwa@daum.net

값 17,000원

잘못된 책은 교환해 드립니다.

ISBN 979-11-976342-5-3 03810

꼬부랑 꼬부랑
팔조령 인생길

김수영 구순기념 문집

한산문화연구원

차 례

책 머리에 · 8

축시(祝詩) 인연 · 10

정(情)과 한(恨) 그리고 사랑 · 13

어머니 / 휴전협정 / 성모님의 선물 / 그 길 / 장모님 영전
에 / 태국 단상 / 학암 민들레 / 추석 / 돌아가고픈 그리움
/ 자화상 / 덕순이 / 동창회 / 친구야

옛 추억과 고향 연가 · 47

고향 / 청도 / 충혼탑 / 온고지정 / 팔조령 1 / 팔조령 2 /
팔조령 3 / 풍각장 / 한내강 / 한내강 물새 / 동수 엄마의
노래 / 달집 / 눈 내리는 날

나의 보금자리 모계학원 • 81

종소리 / 개교 30주년 / 부끄러운 이야기 / 시련기 / 천하
에 이런 일이 / 대단원 / 바퀴 하나가 고장 난 수레 / 운동
장 관람석 비문 / 경북 교육의 노래 / 김수영 선생님

무심한 세월아! • 111

무상 / 그 시절이 그립다 / 오늘은 / 지는 해 / 봄 / 겨울바
람 / 설 / 새해 / 매화 / 겨울 햇볕 / 동장군 / 봄비 / 가을 /
세월 / 새해 아침에 / 봄손님

산새와 자연을 노래하다 • 151

고산골 청둥오리 / 노목에도 꽃이 / 햇님에게 / 뻐꾹새 /
비둘기 / 능수버들 / 낙엽 / 박꽃 / 잡초 / 산의 연가 / 강
물 / 내 친구 바람아 / 정월 보름달 / 꽃 / 농심 / 솔

잊지 못하리 • 187

도동서원 / 잊지 못하리 / 버스 기사와 할머니 / 경천동지
/ 보고만 가시옵소서 / 짝 잃은 개 / 광란 / 동문서답 / 충
혼탑 앞에서 / 길을 걷자 / 목불인견 / 인생관이야

제자들에게 남겼던 옛 글 모음 • 219

모계인의 상 / 책을 잡아라 / 시간을 잡아라 / 졸업과 방학
의 의미 / 개교 50주년의 교훈 / 학생부 관리와 대학입시 /
소질 계발 / 새 천년의 설계

꼬부랑 인생길 • 259

나의 중학시절 / 〈수기〉 공부가 보배인데 / 〈고희축시〉 賀
古稀吟

책 머리에

서투른 목수가 집 한 채를 지어 놓고 보니
기둥은 기울고 서까래도 비뚤어져
아담한 집이 못 되었다.
음식으로 치자면 숙성이 덜 되었다.
집을 짓거나 맛있는 음식을 만들려면
솜씨와 여러 가지 좋은 재료가 필수 요건이다.
글을 짓는 것도 마찬가지다.
솜씨도 부족하고 재료도 다양하지 못하여
글의 맛이 별로 없다.
평소 떠벌리고 자랑하기를 싫어하는 성격 탓에
이 글들을 장롱 깊이 넣어두고
퇴직할 때 청도 대동골에서 가지고 온

솔바람 한 줄기와 함께 저승으로 가지고 가서
그분께 보여 드리려 했는데,
처남이 끄집어내 구순 잔치 상에 올려놓았다.
먹을 것이 별로 없어 부끄럽다.
해묵은 원고 먼지를 털고 다듬어 책명을 정하고
편집까지 하느라 수고한 처남이 고맙다.
평생을 함께 해 준 가족들에게도
이 책 한 권으로 미안함을 갚고 싶다.

을사년(2025) 구월 김수영

인 연

서른 살 노총각의
단정한 넥타이가 아직도 눈에 선한데
어느덧 귀밑머리 백설이 내렸다오.

풍채랄 것 없는 여윈 체구지만
이목구비 하나는 뚜렷했다오.

한평생 교단생활 물러난 지도
강산이 세 번이나 변했건만
그래도 옛 추억의 끈을 놓지 않고
타고 난 詩心으로 사셨나 봐요

한 땀 한 땀 적어 놓은
님의 詩를 읽다 보니
내일이 구순이라오
아직도 님의 가슴엔 동심이 가득하오

강한 첫 인상의 넥타이
초등학교 5학년의 촌뜨기 맘엔
누나를 훔쳐 간 도둑이 아니라
더없이 좋은 새 형님입니다.

2025년 4월 25일
문학박사 박홍갑 헌시(獻詩)

정(情)과 한(恨)
그리고 사랑

어머니

무명 치마 저고리 입고
검정 고무신을 신은 어머니가
나무 위에 올라
집을 나간 자식을 바라보고 서 있다.

찬바람이 불어도
비가 와도
눈이 내려도
내려오지 않고
모성을 바라보며 서 있다.

다칠세라
넘어질세라
진흙에 빠질세라
걱정을 바라보며 서 있다.

어머니는
가지 끝에 익은
사랑의 열매를 따 먹고
나무 위에서 산다.

어제도 오늘도
우리의 어머니는
색깔도 없고
무늬도 없는 사랑
그 사랑의 깃발을 들고
나무 위에 서 있다.

어머니는 평생
나무 위에서 살다가
나무 위에서 죽는다.

휴전협정

엉덩이에 뿔 난 자식 때문에
천릿길 고속도로 길바닥을 눈물로 포장하고
가슴에 못을 박았다.

혼사전쟁 발발 10여 년
밀고 밀리는 싸움
전쟁은 이겨야만 했기에
승리는 나의 것이었다.

북으로 북으로
백두산 영봉에 태극기 꽂고

압록강 두만강 그 시퍼런 물 다 마시고
머리에 월계관 쓰고
격양가 부를 때
갑자기 밀어닥친 지원군단

전황은 후퇴
다시 남으로 남으로

마침내 눈물 머금은 휴전협정 조인식
2015년 1월 24일
지원군 단장 박영숙
우군 대표 박갑순

승자도 패자도 없는 무모한 싸움
가슴엔 상처만 남았다.

성모님의 선물

어제 저녁, 북극성이 유난히 빛나더니
오늘, 성모님이 옥동자를 안고
우리 집에 두고 가셨다.
함께 두고 간 쪽지에
김도윤이라 적혀 있다.

석달 열흘 할머니의 기도
성모님이 무심치 않아 선물로 주셨다.
하늘의 축복이요
우리 집의 영광이요 복이어라.

이로써
우리 가족, 마음의 뜨락엔
평화의 꽃이 피고
행복의 새가 노래 부르고
나비와 벌이 춤을 춘다.

묵묵히 서 있는 저 대나무도 푸른빛을 더하고
불어오는 3월의 봄바람에 덩실덩실 춤을 춘다.

성모님이 내려 주신 그 이름
　　　　　김 도 윤
이제 무럭무럭 건강하게 자라서
모든 이들의 축복과 은혜에 보답하고
나를 태어나게 한 어버이와 조국에
충과 효를 다하라
그리고
사랑과 봉사와 의리의 덕목을 가슴에 달고
조국이 부르는 인재가 되기를

2019년 3월 6일
할아버지

그 길

지금부터 한 100년 전쯤 될까
15세 소녀 고모님이
그 길을 걸어
탄광 막장 같은 산골마을에 시집을 갔다.

고추보다 더 매운 시집살이
열두 폭 다홍치마
눈물 받아 다 젖었다는 시집살이

밤마다 문을 두드리는 맹수의 포효에
문고리를 잡고 공포에 떨었다던

고모님의 시집살이
한 시대를 살았던 우리 어머니들의 자화상이었다.

무시로 가슴을 파고드는 그리움에
근친 3일 말미를 받아
친정 30리 길을 오고 갈 때면
비슬산 칼바람이 살을 에고
돌부리에 발이 걸려 넘어지던 그 길

승용차로 20분이면 갈 수 있는 길을
네 시간 넘게 걸어야 했던 그 길
진정 우리 어머니들이 걸어야 할 운명이라 하기엔
너무나 가혹했다.

잠시 눈을 감고
고모님, 아니 우리 어머니가 걸었던 그 길을 고맙게
생각하면서
고모님의 한 많은 시집살이
그 질곡의 세월도

돌부리 30리 오솔길도
이제, 햇빛에 바래어 전설이 되고
상전벽해
포장도로에 자동차가 씽씽 달리고 있다.

고모님이 살아 계신다면
승용차로 모시어 드리고 싶다.

장모님 영전에

한평생
봄비처럼 살다 가신 장모님
오늘은 봄비가 내리고 있네요.

장모님이 치성을 드리던 그 학암
그 학암에 피어 있는 민들레가 시들세라
봄비를 내려 주시네요.

아들 딸 사위까지 베풀어 주시던
그 사랑 못다 하여
그곳까지 가셔서

봄비가 되신 장모님
강물로 흐릅니다.

여느 때
재봉틀을 돌리다가
나무 위에 올라가
집 떠난 아들 딸
넘어져 다칠세라
진흙에 빠질세라
걱정을 바라보며 사신 장모님
자애의 자화상이요
사랑의 화신입니다.

오늘은 집사람이
곰국을 끓여 놓았습니다.
그토록 좋아하던 곰국
어디로 보내 드릴까요.

듣기에 그분께 허락을 받아야 한다기에

맡겨 놓았습니다.
받아서 드십시오.

2021년 4월 4일

태국 단상

하늘 길 수천만리 머나먼 태국 땅에
창고 한 채를 지어 놓고 왔네.

그 창고 안에
나의 막내 처제 박홍미
막내 동서 이경진
형형색색, 알록달록한 정
그리고 바위 같은 크고 무거운 정
이 세상 정이란 정 모두
차곡차곡 쌓아 놓고 돌아왔네.

파타야의 초록빛 바다
짜오프라야강 유람선의 찬란한 밤 풍경
한때 권력을 호령했던 옛 궁성
불가사의 한 사원들 모두
그 창고 안에 넣어 두고 돌아왔네.

태국을 떠나는 날 저녁
나는 창고 안에 넣어 둔
처제 이서방의 정 하나만 광주리에 담아 와서
햇빛 고운 오후
무시로 하나씩 끄집어내어 먹고 살어리.

다시
그 광주리가 비는 날
고향 달빛 한 사발과
태국 별빛 한 쟁반을
성모님 앞에 받쳐 놓고
이서방 사업 번창하기 기도하리.

학암 민들레

학암 언덕 바위틈에 피어난 민들레가
봄 여름 가을 겨울 풍상 풍우 이겨내고
노오란 꽃대로 피어올라 밤하늘의 별이 되다.

세월이 여류하니 민들레도 씨로 익어
바람이 불 때마다 하나 둘씩 떠나가니
꽃대는 학의 목이 되어 먼 하늘만 바라보네.

흥선댁 우리 엄마 학암전에 꿇어 앉아
정화수 받쳐 놓고 지극정성 비는 마음
아들 딸 비단옷 입고 당신 앞에 서게 하소

지극정성 나무 위에 문학박사 열매 익어
박사학위 매무새로 학암 앞에 머뭇 서니
바위님도 기쁨에 겨워 덩실덩실 춤을 춘다.

장하다 수야 아들 박씨 가문 자랑이라
40여 편 학술논문 일곱여 권 책을 내고
각 지방으로 초청되어 강연에 우뚝하니
이 또한 역사학계에 금자탑을 세우다.

하늘의 뜻이 깊어 자매 남매 인연 되니
천부의 깊은 인연 이 세상에 또 있으랴
민들레꽃 짙은 향기가 학암뜰에 가득하다.

-처남 박홍갑 출판 기념 축시 (2012년)-

추석

올해도 추석 명절 어김없이 돌아왔네
감밭들 햅쌀밥을 차례 상에 올려놓고
온 가족 정성을 모아 조상님께 절을 하네.

우리를 낳아주신 조상님의 높은 은혜
그 은혜 깊은 사랑 무엇으로 갚사오리
후손의 추원보본이 이 길밖에 또 있으랴.

차례를 마친 후면 마당에 멍석 놓고
일가친척 모여 앉아 도야 모야 척사 놀이
한가득 술항아리가 한순간에 비었네.

이윽고 해가 지면 귀뚜라미 울음소리
중추야 달빛 아래 여기 저기 장구 소리
달님도 흥에 못내 겨워 덩실덩실 춤을 춘다.

아들아 며늘아가 조상 음덕 잊지 말고
내년에 후년에도 차례 상을 꼭 차려라
우리의 미풍양속을 길이길이 계승하자.

돌아가고픈 그리움

성모님
누군가 나를 여기에 데려다 놓고 갔습니다.
칼바람이 서걱서걱 갈댓잎을 스치고
노루새끼 한 마리도 살지 않는
절해고도
여기에서 나는
외로움과 고통의 질곡에 몸부림치고 있습니다.

성모님
이제 그리움으로 돌아가게 해 주십시오.
나의 가족과

오월의 푸른 하늘과
밤하늘의 속삭이는 별들
이 모두가
제가 돌아가고픈 그리운 얼굴들입니다.

빨리 그리움으로 돌아가
매일 걷던 고산골길
그 길을 걸으며 걸으며
산새들과 함께 노래 부르고 싶습니다.

성모님
전생에서 지은 죄
이생에서 지은 죄
당신의 사랑으로 모두 용서하시고
하루빨리
이 절해고도에서 벗어날 수 있도록
조그마한 돛단배를 보내 주십시오.

박누시아

자화상

전혀 알아 볼 수 없는 한 인간이
그렇게 할 것 같지 않는 한 인간이
벌판 한가운데 서서
하염없이 먼 산을 바라본다.

손에는 호미와 괭이
머리에는 밀짚모자
몸에는 작업복
홍안에 갈매기 날고
옥수는 거북등

그러나
마음의 날개를 펴면
한 손엔 교편
또 한 손엔 분필을 잡은 선생님

해마다 매화꽃이 피고
교풍이 옷깃을 스칠 때마다
아이들의 웃음소리가 피어나고
분필 냄새가 바람을 타고
팔조령을 넘나든다.

그 옛날
도원으로 돌아갈 수 없는 그리움에
나는 오늘도 호미를 매고
밭 한가운데 서서
외로운 사슴이 되어
산을 바라본다.

덕순이

지난밤 꿈자리에는
옆집에 살던 덕순이가
또닥또닥 내리는 봄비를 맞으며
내 젊음의 들판길을 살금살금 걸어서 오네.

싹싹하고
부지런하고
조석 따뜻하고
우리 동네에서 제일 짭질은 덕순이
내 애인은 아니지만
잠시 내 마음에 머물다

자취도 없이 떠나간 얄미운 계집애

민들래 꽃대를 꺾어
입으로 후후 불어서
꽃씨를 날리던 가시내야
너는 꽃씨처럼 하늘 멀리 날아갔구나.

장독대에 핀 봉선화 꽃잎으로
손톱에 물들이던 가시내야
너는 동네 머서마들 가슴에
봉선화씨를 뿌려 놓고
어디로 떠나갔노.

그립다
보고 싶다.

동창회

초등학교 동창회는 추억의 창고
그 창고 문을 열면
사릿골 소풍길이 보이고
죽바위 전설이 포도송이처럼 열려 있다.

즐겁게 부르던 아름다운 노래들
반달, 형제별, 오빠 생각
봉선화, 고향의 봄, 동무 생각
개울물처럼 흘러나온다.

창고 안에 쌓아 놓은 추억은

60년이 지나도 썩지 않고 향기로 남아
창고 문을 열 때마다 풍겨 나온다.

초등학교 동창회는 그리움의 보따리
그 보따리를 풀면
앳된 순이가 인정스레 웃고
구슬치기, 자치기, 풀피리, 보리피리가 쏟아진다.

반세기 넘게 그리움을 먹고 살아도
마냥 목이 마른 것은
내 혈관 속에 흐르고 있는
학교 종이 땡, 땡, 땡,

음식은 먹으면 배가 부르지만
먹을수록 마음이 고픈 그리움
초등학교 동창회

친구야

어릴 때 고향에서
죽마 타고
줄말 타고
그저 마구 뛰며 놀던 친구야
우리는 우정에 겨워
엎어지고
자빠지고
하루도 안 보면
죽고 못 살던 친구야

인절미 고물같이 고소한

그 시절
그 추억
다 어디로 사라졌나

그리워 불러본들
그 시절 화살에 실리어
세월 속으로 날아가 버렸네.

옛 추억과 고향 연가

고 향

눈을 감으면
고향 산하가 아른 거린다.

봄이면 휘파람새 나를 부르고
가을이면 갈대가 손짓하는 고향
그리움이 한 아름 안겨오는
나의 고향 청도

팔조령 구비 구비
돌아서 넘어 가면
뛰어놀던 동산이 있고

철부지 물장난 비단강 흐르고
넓은 들판엔 오곡이 영근다.

친구야
이 모두가 우리의 고향
그립지 아니한가.

오늘은 고향에 가서
우리의 옛 임 순이를 만나
함께 손잡고 망향가를 부르자.

청도

청도는 나의 고향 이름이다.
세상에 제일 정겹고
아름다운 이름이다.

먼 세월로 거슬러 올라가면
이서국이 떡 버티어 서 있고
삼국통일을 이룩한 화랑도의 발상지
가까이 올라가면
이 나라 산업화의 초석인 새마을운동의 발상지
민족사에 크게 녹음된 자랑스런 고장이다.

도불습유의 유풍과
탁영 선생의 대쪽 같은 선비정신
임란 열네 분의 창의정신이
살아 있는 충의의 청도.

여기에 터를 열어
조상대대로
淸의 물을 마시고
道의 집에서
선인들의 위업을 이어
오순도순 살고 있는 청도 사람들
긍지와 자존과 신의의 동산에
꽃을 가꾸며 살고 있다.

나도 여기에서 태어나 고향이 되었다.
마음 뜨락에 꿈과 이상의 씨를 뿌리고
싹을 틔우던 시절의 청도.

허공을 걸으면

걸음걸음 추억이 밟히고
그리움 옷자락에 묻어나는데
언제 다시
거기에 가서 살겠노.

충혼탑

여기
지나가는 구름도 잠시 머무르는 곳
호국 영현들의 숭고한 얼이
잠들고 계시다.

나라와 겨레를 위하여 살신성인으로
장렬하게 산화한
호국 영현들의 높은 뜻이
이 탑에 새겨져 있으며
국난극복의 산 역사가 그대로 기록되어
이 나라 충절의 산실이 되다.

한 알 밀알의 교훈이 가르쳐 주듯이
내가 살면 겨레가 죽고
내가 죽으면 조국이 살기에
기꺼이
포성이 울리는 곳으로 치달아
죽음을 선택한 호국의 불사신이여

임은 가시어도
임들이 이 땅에 남긴 애국의 마음은
저 푸른 청도천에 흐르고
그 영혼은
일월과 함께 영원히 빛나다.

이제
용각산 자락 아늑한 이 곳
바람은 예대로 불고
멧새들이 무심히 울건만
지나는 길손들의 가슴엔 충혼이 뜨겁다.

유구한 영겁 속에
산과 내가 변하여도
날이 갈수록
아름답게 피어나는 충혼의 꽃은
우리 군민의 가슴에 길이 피어난다.

- 청도군 현충사 비문 -

온고지정

30여 년 전
청도를 떠나던 날 아침
다 버려도 아깝지 않을 이삿짐을 보고
삐딱하게 세위 놓은 텔레비전 안테나 위에서
동네 까치들이 지저귀고 있었다.

나의 제2의 고향
청도읍 고수 5리

정든 보금자리를 떠나는 날 아침
이웃집 최씨 아지매

쇠고기국과 김이 모락모락 나는 아침밥
다 먹고 가라 했다

정이 모락모락 담긴 그 아침밥을 앞에 놓고
나는 억머구리 같이 울어 버렸다
눈물은 국물에 더하고
숯가마 같은 그 뜨거운 최씨 아지매 정이
목을 막았다

집사람과 첫살림을 차리고
자식을 낳아 기르던 곳
어찌 꿈엔들 잊으랴.

그단새 세월 흘러 30여 년
떠날 때 자주 오마던 그 약속을
잔인하고 못된 세월이 길을 막았다.

여보
오늘은 우리가 살던 청도읍에 갑시다.

못된 세월이 길을 막더라도
세방살이
얼음 같은 찬물에 맨손을 담그고
설거지하던 그 곳
그리고
형제처럼 지내던 최씨댁
거기 가서
옛날 차곡차곡 감아 두었던
정의 실타래를 풀고
잊었던 얼굴을 마주 보면서
-옛날의 금잔디 동산에-
메기의 노래를 부릅시다.

팔조령 1

그 옛날
우리 할아버지들이 넘고 넘어오던
양의 창자보다 더 꼬불꼬불한 오솔길
팔조령

새벽별 등에 지고
소떼를 몰고 넘던 고달픈 할아버지의 고개
팔조령

개나리 봇짐에
과거 급제의 꿈을 지고 넘던

유생들의 희비의 고개
팔조령

어느 때면
소를 판 돈을 도둑떼에 빼앗기고
땅을 치며 울던 한 많은
팔조령

하늘도 울고
땅도 울고
팔조령도 울던 고개

반세기가 지난 지금도
그 고개를 넘을 때면
할아버지의 원혼이 길손의 발목을 붙잡고
그 원혼은
소쩍새 되어 슬피 울고 있다.

팔조령 2

내 할아버지가 울고 넘던 팔조령
그 한 많은 고갯길도
애화로 전해질 뿐
지금은 열락의 새가 울고 있다.

상전벽해
산업화 물결이 팔조령에도 밀려와
삶의 무거운 짐을 지고 넘나들던
할아버지의 고개
그 꼬불꼬불한 오솔길도
모래성처럼 무너지고

포장도로에 자동차가 씽씽 달리고 있다

내가 색소폰을 불 수 있다면
나의 친구 바람과
나의 애인 구름과 함께
팔조령 영마루에 앉아
진혼곡을 연주하고 싶다.

반세기가 지난 지금도
그 원혼의 소쩍새가 죽었는가 싶었는데
솔바람 따라 슬피 울고 있으므로

팔조령 3

할아버지는 소를 몰고
나는 승용차를 몰고
넘나들던 고갯길 팔조령

할아버지의 한을 곱씹으면서
십년 넘게 조석으로
넘나들던 나의 길 팔조령

길가 돌 한 덩이
구비 구비 바람에 나부끼는 풀잎
산새들의 울음소리

모두 나의 사랑인데

세월은 낙엽처럼 떨어지고
정든 그 고갯길 팔조령도
추초처럼 시들어 가네.

풍각장

내가 검정고무신을 벗고
운동화를 처음 사서 신은 풍각장

까치들이 아침을 열면
풍각장도 함께 열리고
사람들은 삶의 보따리를 이고 지고
가난의 발길이 이어진다.

옆집 아제는
산에서 꺾어온 삭정이 세 동과 갈비 두 동
갯밭에서 뽑은 무 한 고랑을

소달구지에 싣고 장에 가면
풍각장은 성시가 되고
민초들은 애환과 한을 사고 판다.

장닭이 홰를 치는 정오가 되면
식당엔 쇠머리국이 끓고
그 구수한 맛에
막걸리 한 사발로
민초들은 시름을 달랜다.

아직도
쇠머리국은 반 솥이나 남았는데
어느덧 풍각장은 저물고
어디서 들려오는
각설이 타령이 애절하다.

한내강

내 어릴 때 멱을 감고 송사리를 쫓던 강
한내강

호랑이가 담배를 피우던 그 이전부터
할아버지의 할아버지
또 그 먼 할아버지 때부터
비슬산 기슭에서 살다가
구름 가마를 타고 시집와서
고향을 낳아준 어머니

한내강은 어머니의 품

나를 태어나게 한 고마운 강
나를 길러주고 가르쳐 준 스승. 은인

물이 하도 맑고 깨끗하여 명경지수
비단을 펼쳐 놓은 듯
곱고 아름다워 비단강

지나가는 구름
산 그림자
밤 하늘의 달
모두 수를 놓으니
한 폭의 동양화

어느 때인가 너를 찾았을 때
반가워 손을 잡던 너는
날갯죽지 떨어진 새처럼
땅바닥에서 퍼덕이고 있었다

청산도 말이 없고

해도 달도 말이 없다
뻐꾹새 소리만 처량하다.

한내강 물새

먼 옛날
백마강에서 달을 노래하던 물새가
낙화암에서 떨어지는 삼천궁녀를 보고
망국의 설움에 목을 놓고 울었다.

흥망성쇠의 무상
목불인견의 비참함에
그는 정든 둥지를 떠나
이곳 한내강에 와서 새 둥지를 틀었다.

그는 매일 밤

한내강의 백옥 같은 조약돌과
은모래 금모래를 쥐었다 놓았다 하며
달 밝은 밤이면 월광곡으로
별이 빛나는 밤이면 소야곡으로
앞 못 보는 소경에게
강둑을 거니는 연인에게
꿈과 사랑을 안겨 주었다.

그렇던 어느 날
한내강엔 이상한 괴물이 나타나
매일 퍼 나르는 모래와 자갈에
둥지를 잃었다.

둥지를 잃은 물새는
이별을 고하는 메시지를 전하듯
청도의 하늘을 한 바퀴 휘 돌고는
학교 교실에서 흘러나오는 피아노 선율에
운동장에 내려 앉아 한과 애수를 달랜다.

이제 물새가 떠난 한내강은 잡초가 우거지고
송사리 새끼 한 마리도 살지 않는
무서운 강이 되었다.

동수 엄마의 노래

고향 마을
한평생 수심가만 부르다 간
이웃에 살던 동수 엄마

가난한 집에 시집와서
아들 하나 딸 둘
층층시하에 지아비는 일찍 가고
하늘이 내려 준 청상의 자격증 하나로
고생으로만 살아온 동수엄마

논밭은 아들이 가져가고

주머니는 딸이 가져가니
남은 것은 수심가와 탄로가

독수공방에 홀로 앉아
인생바람이 불 때마다
노래를 부른다.

– 한 많은 이 세상 야속한 임아
  정을 두고 몸만 가니 눈물이 난다 –

달 집

오늘이 정월 보름 고향으로 달려가자
솔가지 이엉으로 달집을 지어 놓고
동산에 보름달 뜨면 달집에 불 지피자

활활활 타는 불에 액운을 살라 버리고
두둥실 보름달에 소원을 비는 마음
올해도 무사하소서 복을 내려 주소서

달집이 재가 되면 철부지 아이들은
다리미 콩을 담아 잿불에 볶아 먹네
고소한 콩고물 시절 덧없이 흘렀구나

즐거운 어린 시절 어제런가 그제런가
화살같이 빠른 세월 그 누가 잡을손가
보름달 우러러보니 그 시절이 그립다.

저 하늘 저 산 아래 고이 잠든 고향 마을
내 마음 뜨락에도 보름달이 떠오르면
팔조령 영마루에 올라 불러보는 망향가

인생을 내려 놓고 보름달을 바라보니
저 달도 나와 같이 기울 날이 멀지 않네
인생은 한바탕 봄 꿈 두견새가 슬피 운다.

눈 내리는 날

어제 저녁 내린 눈이
밤새 돌길을 깊게 덮었다.

그때는 언제나 그랬다.
눈이 내리면 약속을 하지 않아도
동네 조무래기들은
양지쪽 초갓집 돌담에 모인다.

썰매 타기
눈싸움
줄말 타기

오늘은 눈이 내렸으니
토끼를 잡으러 가자
눈이 쌓이면
토끼는 달아나지 못하고
망태에 그저 담아 오면 된단다.

와, 신난다
어깨동무
하나, 둘, 셋, 넷
산으로 산으로

그러나 토끼는
이 놈들아, 내 엉덩이나 핥고 가거라.
깡총 깡총.

나의 보금자리
모계학원

종소리

땡- 땡- 땡-
종이 울린다.

수업 시작 땅- 땅-
수업 그쳐라 땅- 땅 - 땅-
학교는 종소리로 시작하여 종소리로 끝난다.

종소리는
선생님과 학생이 먹고 사는
자양분이요 사랑의 열매

사제지간의 인연을 맺어주는 가교요
인재의 꽃을 피우는 봄비
깨달음과 지혜의 샘물이다.

그런 종소리
지금은 어디를 가도 들을 수 없다.

이제 종소리가 사라진 교실엔
아이들의 웃음 소리가 들리지 않고
인조잔디를 깔아 놓은 운동장엔
소슬한 바람이 불고 있다.

개교 30주년

1947년 10월 27일
1977년 10월 27일
가람 세 번 메 세 번
나이바퀴 서른 번
세 번 변하고
서른 번 굴렀습니다.

30년 전 이 고장
산도 들도 사람도 어둠 속에 잠들었고
이따금 닭 우는 소리만 들렸습니다.
경부선 철마가 정적을 깨뜨릴 뿐

이 고장 청도는 고요했습니다.

1947년
조국이 돌아온 지 2년
아직도 핏자국은 가시지 않았고
민족은 조국의 품에 안겼으나 따뜻하지 못했습니다.

조국은 일본 사람 대신
코 큰 사람이 주인 행세를 했고
주인이 누구인지 몰랐습니다.

나라는 있되 국가는 없고
겨레는 있되 국민이 없는 1947년
겨레가 가는 길은 암담했습니다.

오래 전부터 해와 달은 이 곳을 비치었고
바람은 이 곳을 노래했습니다.

드디어 남산의 정기 서리고
용각산 마루에 서광이 비치었습니다.

1947년 10월 27일
역사의 바퀴는 서서히 구르고
등대에 불이 켜졌으니
그 이름 모계중학교.

산은 오색으로 물들고
능금알은 자줏빛으로 익고
국화는 향기를 내뿜었습니다.

강물은 유유히 흐르고
태양은 빛나고
하늘은 더욱 높았습니다.

등화가친
배움에 굶주린 이 고장 아이들은
너도 나도 배움의 광주리를 들고

등불 앞에 모여 진주알 같은 진리를 담았습니다.

그로부터 3년
6.25의 포성은 울리고.
우리는 책상에서 일어나 총 칼을 들고
분연히 조국 앞에 서서
백두산 영봉에 태극기를 꽂았습니다.

이제
포성이 멎은 지 24년
조국 재건과 더불어
면면히 발전해 온 모계중하교

그동안 시련을 극복하고
명문학교로 발전한 자랑스런
우리 학교의 의지와 슬기에 옷깃을 여민다.

나는 모계의 자랑스런 교사
일찍 학교에 와서

장엄하게 서 있는 학교를 바라본다.

30년의 찬연한 역사를 자랑하고
슬기와 지혜가 담겨 있는 우리 학교를 생각한다.

문교부 새마을 우수상을 받은 학교.
태극기 연구학교로 지정된 학교

나는 일찍이
가슴에 번쩍이는 화랑훈장을 달고
씩씩하게 학교에 가는 학생을 본다.

1700명의 학생
50명의 선생님

거기에는
지혜와 슬기가 있고
인내와 땀이 있고
사랑과 봉사가 있고

애국과 애향, 새마을 정신이 있습니다.

뿌리 깊은 나무는 바람에 움직이지 않고
샘이 깊은 물은 가뭄에 그치지 않는다고 하니

30년의 그 전통 그 역사
길이 청사에 빛나라
길이 꽃 피워 향기를 뿜어라
길이 이 고장 빛이 되어라.

부끄러운 이야기

교사생활 오래 하다 보니 해괴망측한 꼴 다 보겠네.
교외 생활지도 나간 세 명 선생님
담 모퉁이에서 담배 연기 모락모락
불러보니 타교 학생
훈계를 하는데, 이놈들 거동보소.
왕방울 같은 눈알을 부라리며 도전자세

나, 아무 학교 선생님이야.
어느 학교야, 이름이 뭐야.
막무가내로 왜 간섭이오.

참다못해, 귀통배기를 눈알이 빠지도록 후려갈기
는데, 이번에는 이놈들의 반격
마침내 선생님들과 학생들의 패싸움

상황은 아수라장.
하늘에서 내려다보고 있던 해가 눈을 감았고
하늘과 땅이 흔들흔들

싸움은 일회전에 선생님측에서 케이오승으로 끝났
으나 며칠 후 허스름한 옷을 입고 교장실에 나타난
사람, 우리 아들 구타한 선생님 만나러 왔다며 호주
머니에서 종이 몇 장을 꺼내어 보이는데, 상해진단서
와 치료비 청구서, 게다가 위자료까지.

모두 공무 중에 일어난 일이라 치료비는 학교에서
지불해야 된다고 했다. 그러나 교장 선생님
머리를 절래 절래 내저으며,
생활지도하라고 했지 학생 구타하라고 했나.
지출항목이 없네. 치료비는 각자 부담.

모두들 선생 팔자 한탄하며,
선생 똥, 개도 안 먹는다 카더라.

시련기

너무나 가슴 아픈 일이라
꼭 한 번 짚고 가야 했다.

1960년대 모계중고등학교
중학교 각 학년 3개 반
고등학교 각 학년 1개 반

보릿고개를 넘어야 하는 시절
학생들은 공납금을 제때 내지 못하고
선생님은 봉급을 제때 받지 못했다.

학교장이 학생들을 운동장에 모아놓고
학생들 앞에 꿇어 앉아 빌었다.
공납금을 내라고

하다못해 일 년에 네 번 치르는 정기고사
시험 때마다 공납금 미납 학생을 쫓아냈다.
선생님도 울고 학생도 울었다.

쫓겨 가는 학생의 뒷모습
반세기가 지난 지금도
가슴이 저민다.

세월을 되돌릴 수 있다면
이 세상 사랑이란 사랑을 다 모아
제자들에게 바치고 싶다.

천하에 이런 일이

장미꽃보다 더 어여쁜 수학 여선생님
싹싹하고
부지런하고
인정 따스한 수학 여선생님.

실력도 있고 인기도 많아
총각 선생님들이 군침을 꿀꺽 꿀꺽 삼키던
수학 여선생님

어느 날
학생한테 뺨 맞고 교무실 책상 앞에 앉아

고개 숙여 콧물 홀짝홀짝 울고 있는
수학 여선생님

왜 그랬을까
수업 시간에 학생이 잡담한다고
주의를 주고 있는데 갑자기
눈에서 번개가 번쩍
하늘이 캄캄했다.

순간
교사의 권위는 낙엽처럼 떨어지고
자긍심은 헌신짝이 되었다.
그 예쁜 얼굴에도 먹칠을 했다.

교육 인생에 처음 겪는 일이라
호랑이 같은 교장 선생님도 벌벌 떨었다.

환멸감이 가슴을 때리는데

인류의 큰 스승이신 맹자님
참 어이없는 일이지요
이 일을 어찌 하면 좋을까요.

당신께서 가르치신
천하에 영재를 얻어 교육하는 것이
즐거운 일이라 했습니다.

정말 그렇습니까.
답답하여라
제발 해답 좀 주십시오.

대단원

능금 알 익어가는 시월 어느 날
종소리 극단에 입단하여
어설픈 연기로 관객에게 감동을 주지 못한 채
감독의 명령에 따라 무대에서 내려왔다.

무대를 떠나는 날 아침
모계 할아버지가 지어 준
김이 모락모락 나는 아침밥
할아버지는 다 먹고 가라 하셨다.

온실 같은 따뜻한 할아버지의 정

그 정에 겨워 들었던 숟가락을 놓고
그만 엉– 엉– 울어버렸다.

오랜 세월 동안 먹고 살았던
동고동락 동료교사
교향곡 같은 종소리
낙원 같은 교정
아이들의 해맑은 웃음소리
가르침에 대한 열정과 혼

이제는
남태평양에서 불어오는 바람한테 맡겨 두고
빈 광주리에
아이들의 웃음소리 하나만 담아 와서
심심한 오후
무시로 하나씩 끄집어내어
먹고 살어리

다시 그 광주리가 비는 날

대동골에 가서
솔바람 한 줄기
새 노래 한 곡
담아 와서 먹고 살어리랏다.

바퀴 하나가 고장 난 수레

교육은 수레의 두 바퀴
하나는 敎(교)
또 하나는 育(육)
교는 배움과 가르침
육은 인성과 행실

지금 우리 교육은 인성의 바퀴가 고장 났다
아무리 고치려 해도 기술자가 없다.
불치의 고장이다.

드디어 고장 난 바퀴가 빠져 달아나

길 아래로 떨어졌다.
수레에 실려 있는 교육도 쏟아져
흙투성이가 되었다.

교사가 학생을 폭행하면
학생도 교사를 폭행하고
학부모도 가세했다.

하루가 멀다 하고 학교폭력이 난무하고
견디다 못한 동급생이
대구에서
광주에서
스스로 목숨을 끊었다.

교육의 부재
나라의 앞길이 캄캄하다.

- 2012년 1월 9일, 학교폭력에 견디지 못해
자살한 학생을 애도하며-

운동장 관람석 비문

이 비는 동문 여러분이 배움의 터를 닦아
희로애락을 같이하면서 꿈을 키우던 모교에
관람석을 건립해 주신 애교심을 오래도록
기리고자 세운 비입니다.

이 나라 인재의 산실이요
이 고장 중등 교육의 효시인 본교는
동문들의 따뜻한 손길에 힘입어
열심히 가르치고 배우는
상아의 전당이 되다.

이 관람석 위에는
당신들의 갸륵한 뜻이 그대로 녹음되어 있으며
후배들의 가슴에 꿈과 얼을 심어
면학의 열매가 맺어지다.

이제 당신들이 여기에 심어 놓은 애교심을
추앙하고 후배들에게 본받게 하고자
이 비를 세우노라.

모계중고등학교

1983년 9월 15일

김수영 짓고

김종직 씀

경북 교육의 노래

교육은 나라의 힘 겨레의 등불
해와 달에 겨루어 진리에 산다.
힘 모아 땀 모아 인재를 길러 내어
오대양 육대주에 한국을 심어 보세
새역사 창조하는 우리의 경북 교육

사랑과 신념으로 신뢰 받는 스승 되어
교육의 나무 심어 인재가 꽃 피는 날
지난 날 괴로움 잊고 보람이 여기 있다.
지혜와 정성 모아 상아탑 세워 보세
새싹의 온상이여 우리의 경북 교육.

1983년 5월 3일 경상북도 교육청
공모 출품작

김수영 선생님

산 속 옹달샘
뽕 뽕 풍 풍 솟아나는 샘물처럼

사월에 돋아나는
새싹의 풀 향기

봄날의 따사로운 햇살 같으신
선생님

늘 저희들 기억의 가슴에는
시인의 청순과

애잔함으로 남아 있습니다.

세월 흘러 흘러
칠순 넘어 미수에도
동심의 청춘이 남아 계시는
국어 선생님
김수영

저희들 제자에게는
추억의 동산입니다.
부디 건강하소서.

경인년(2012년 9월 11일)
　　　부산 불교 방송 법사 화엄정사 주지
　　　김 보 각

무심한 세월아!

무상

한때
바라보고 쫓던 푸른 구름은
서산으로 흘러가고
눈에 보이는 건
허공과 청산뿐

빈 하늘엔 흰 구름만 둥둥
청산엔 노송이 청청

나의 하늘엔 허무가 둥둥
나의 청산엔 잡초가 무성

묵묵히 서 있는 저 바위는
천 년 전이나 지금이나
그 얼굴 그대로인데

쥬라기 시대에 남아 있는
공룡의 발자국도 그대로인데
사람은 그대로가 아니네.

그 시절이 그립다

나이가 많아지면
가장 가고 싶은 곳
제일 그리운 곳이 고향이다

계절이 바뀌고
해가 지나갈 때마다
고향이 그립고 가고 싶지만
못된 세월이 길을 막고 발목을 잡는다.

마음으로 달려가면
강가 자갈밭에 새겨 놓은 달빛이 아름답다.

아무것도 없던 청소년 시절
달빛이 쏟아지는 여름밤
그 고운 마음들은 달빛에 취해
강가 자갈밭에 모여 앉아
조약돌을 치며 즐겁게 노래하던
그 시절이 그립다.

어쩌다 또래 처녀들
못 견디게 달빛이 좋아 강둑을 거닐며
달을 노래하던 덕순이
수다를 잘 떨고 웃음소리가 예쁜 순이
아직도
눈에 삼삼 귀에 쟁쟁한데
그때 그 시절
다 어디로 갔나.

장농 안에 넣어둔
고향 보따리를 풀 때마다
폭포처럼 쏟아지는

그 그리움
그 추억
가슴을 두들기는데

어느새 강물은 마르고
강가 자갈밭은 갈대가 우거져 있다.

오늘은

오라는 데도 없고
갈 곳도 없고
천지강산에 할 일은 더욱 없다
이제는 없는 것뿐이다

이른 봄 오후
켜켜이 쌓인 답답함 비우러
고산골을 걸었다
여기 저기 앉아 있는 사람들
역전의 인생용사들이다.

하늘을 물끄러미 쳐다보며 명상을 하고 있다.
그리움을 허공에 날려 보내기도 하고
가슴에 쌓인 먼지를 털기도 하고
삶의 상처를 계곡물에 씻기도 하고
화려했던 춤 재주를 그려 보기도 한다.

솔바람에 답답한 마음 씻어 보내고
계곡을 따라 산을 오르니
버들강아지가 발목을 잡는다.
어릴 때 훑어 먹던 그 버들강아지
무슨 말을 할 것 같은데 입을 열지 않는다.

반갑다
그립다
추억이 무지개로 피어 가슴을 채운다
비워진 답답한 그 자리에.

지는 해

정유년
해는 저물어 가는데
저 허허 벌판에 선 밤나무 가지 끝
쭈그렁 밤송이가
시간에 매달려
바람이 불 때마다 울고 있다

이 아픔을 바라본
병신년의 해는
서산을 넘지 못하고 있다

내가 손수건을 흔들어 주었을 때
해는 서산을 넘었다

청산은 나를 보고 말없이 살라 하고
창공은 나를 보고 티 없이 살라
선인의 가르침은 우이독경

마침내
먹구름이 하늘을 가리고
세상은 암흑
세상은 호가호위
여우의 세상이 되었다

낙목한천
지금 겨울 산에서
포수들이 여우 사냥이 한창인데
가지 끝에 붙어 있는 쭈그렁 밤송이는
서울 간 오빠가
비단 구두 사 오기만 기다리고 있다.

2016년 12월 31일

봄

봄이 창문을 열고 들어와
잠자는 내 영혼을 깨웠다.

이번에는
봄바람이 창문을 열고 들어와
옷자락을 끌고 있다.

머리를 빗고
옷매무시를 단정히 하여
봄을 따라 나서니
봄은 꽃을 한 아름 안겨 주었다.

꽃은 향기를 내뿜고 있지만
무심히 지나쳐버린 벌 나비

나무도 병이 드니 새들도 들지 않는다.

온 천지에
봄이 왔다고 새가 울고 있는데
나의 봄은 언제 다시 오려나.

겨울바람

오늘같이
찬바람이 불 때면
군밤 같은 구수한 고향 사람들 보고 싶다.

오늘같이
겨울바람이 불 때면
모닥불 피워 놓고 설매 타던
어린 시절이 그립다.

바지에 먼지 냄새가 나도
소매에 묻은 콧물 냄새가 나도

겨울바람을 막아 주던 솜옷을 입고 싶다.
엄마가 지어 준 그 솜옷

구시골 목화밭에서 딴 목화로
실을 뽑아 베를 짜던 엄마의 베틀
바딧집 치는 소리
용두머리 우는 소리
겨울바람을 타고 들려 온다.

지금은 엄마와 함께
세월의 강물 따라 가버린
잃어버린 나의 고향아

우체국에 가서
고향 소식을 묻고 돌아오는 길에는
겨울바람이 칼을 갈고 있다.

설

어릴 때
설이 가까이 오면 남은 날짜만큼
숯으로 벽에다 막대를 그어 놓고
하나씩 지우면서 설을 기다린다.

보릿고개를 넘어야 하는
찢어지게 가난하던 시절
설날에는
새신 신고
새옷 입고
쌀밥을 먹을 수 있었다.

즐거움을 호주머니에 넣고
할아버지께 고즈넉이 세배를 올리던
친구야
그때가 즐겁지 아니한가.

돌아보면
3월의 새싹 같은 파릇파릇한 세월
어제 같은데
그단새 산더미 같은 세월을 다 먹어버리고
머리에 무거운 서리를 이고
낙목한천 쓸쓸한 벌판에서
차례상 앞에 서 있는
친구야
우리 인생이 무상하지 아니한가.

호주머니에 손을 넣을 때마다
손끝을 스치는 고향과 어린 시절
강물로 흐르는데

즐거운 그 설도
날이 갈수록
추초처럼 시들어 가네.

새해

부상(扶桑)*에서
70살 먹은 햇님이 우리 집에 왔다.
아내는 귀한 새 손님이 왔다고
주안상을 차려놓고 대접을 한다.
아무리 보아도
매일 오던 그 해인데
사람들은 새해라고 한다.
천지개벽도 아닌데

세월 참 빠르다.
눈 한 번 감았다 뜨는 사이

해는 서산마루에 걸려 있네.

왈칵왈칵 밀려드는 향수가
가슴을 적신다.

비가 내린다.
憂愁(우수)가 雨水(우수)되어 떨어지고
마음은 적막강산

* 부상(扶桑)
해가 밤에 부상에 머물고 있다가 아침에 뜬다는 곳.
'무릉도원' 같이 이야기에 나오는 말

매화

긴긴 겨우 내
규방에서 수를 놓으며 지내다가
창 밖에 내리는 춘설을 보고
미소 짓는 여인

눈서리를 이기는 강인함은
선비 중의 선비
군자 중의 군자
그 고아한 자태는 한국의 어머니상

속눈썹을 붙이고

성형수술을 한 여인이 아니라
회장저고리 옥색치마 갑사댕기 땋아 내린
수수한 낭자

아무나 보고 웃음을 보이는
헤픈 여인이 아니라
눈서리가 내릴 때만 미소 짓는 차가운 여인

예로부터 문인 묵객의 사랑을 먹고
살아온 매화
그 아름다움도 가는가?

겨울 햇볕

창을 열고 들어온 겨울 햇볕
거실을 따뜻하게 데워 주는
고마운 애인

어린 시절
초가 삼 간 돌담
그 돌담 따라 동네 조무래기들이
옹기종기 모여 앉아 쬐던 그 햇볕

즐거운 놀이들
땅따먹기 재기차기 줄말 타기

하늘에서 미소 짓던 겨울 햇볕.

바람과 싸워 이기고
길손의 외투를 벗긴
따뜻한 겨울 햇볕

겨울 햇볕은
실타래처럼 풀려 나오는
추억의 겨울 동화.

동장군

어디서 오는지는 몰라도 해마다 겨울은 세
아들을 데리고 우리 동네에 온다.
맏이 이름은 소한
둘째가 대한
막내가 동장군이다.

세 아들 가운데 막내는 태어나면서 힘이 세어
동장군이라 했다.
바위를 들었다 놓았다,
때로는
손오공처럼 바람과 구름을 타고 다니면서

신출귀몰
동에 번쩍 서에 번쩍, 힘을 과시한다.

맏이, 둘째는 그런대로 제 행세를 하는데
막내는 버릇이 없고 성질이 사납고 고약하다.
가만히 있다가도 심보가 터지면 온 동네를
휘젓고 사람을 괴롭힌다.

참다못해, 이놈의 행패를 햇님에게 호소한다.
햇님 왈,
인간만사, 세상만물 불상사라
세상에는 빈부귀천, 선과 악, 높낮이가 있다.
달래고 용서하고 참고 살아라.
달램은 화해, 용서는 미덕, 인내는 복
화난다고 바위를 차면 제 발만 상하니라.
어려움을 슬기롭게 극복하라.

모두 수긍하면서도 왈,
공자님 말씀 같다.

그러나
솔개는 매 편
가재는 게 편

봄비

봄비라고 부르면
그 이름이 하도 예뻐서
호주머니에 넣어 다니고 싶다.

다정한 누이의 이름 같고
연인의 이름 같아서
곁에서 함께 살고 싶다.

봄비는 어머니 같다.
일하러 나간 엄마가

잠자는 아기에게 젖을 먹이러 오듯이
봄비는 그렇게 내린다.

봄비가 내리니
온 동네 개구리들이
노래 부르고 춤추고 장구 친다.

나무들은 우줄우줄 어깨춤

새들은 상춘곡
꾀꼬리 휘파람새는 고운 목소리로
까치 까마귀는 돼지 목 따는 소리로
그저 흥에 겹다.

땅에서는 새 생명들이
수런수런 와글와글 덜썩덜썩

꽃가지에는 봉오리들이
볼록볼록 웃는 듯 터질 듯

온 세상이 야단이다.

한바탕
자연의 향연은
봄비가 베풀어 주네.

가을

강산이 세 번 변하기 전에는
고향은 어디를 가도 가을이었다.

30여 년 전
뇌리에 찍어놓은 사진첩을 펴면
갈피갈피마다
소복소복 담겨 있는 고향의 가을 정경

지붕 위에 고이 잠든 흰 박
집집마다 멍석에 널어놓은 빨간 고추
전답엔

넘실넘실 주렁주렁 넘쳐나는 오곡백과
이 세상 가을이란 가을을 다 담은
형형색색 아름다운 고향의 가을 산야

사진첩을 펼 때마다
향수가 눈송이 되어 쌓이는데

어느덧
내 영혼은 잠들고
상전벽해가 되어버린 고향
어디를 가도 고향의 가을은 아니다.

이제
다시 볼 수 없는 고향의 가을
벼를 베어낸 들녘엔
소슬한 가을바람이 울고 있다.

- 1983년 10월 -

세월

기는 놈 위에 뛰는 놈
뛰는 놈 위에 나는 놈
나는 놈 위에 세월
세월은 날개가 없어도 잘도 날아간다.
눈 한 번 감았다 뜨는 사이
봄 여름 가을 겨울이 간다.

봄비가 내리고
가을바람이 불 때마다
청춘이 가고 인생이 간다.

지금도
세월의 열차는 나를 싣고 달리고 있다.
아무리 제동을 걸어도 감속이 안 된다.

이렇게 빠르게 달리다가
어느 날
바위에 부딪히는 날
인생 여로가 끝난다.

새해 아침에

정유년
포항 호미곶 해맞이
사람들은 장승처럼 서서
모아 쥔 손아귀 안에
새해를 담고 있다.

나는 가창골 최정산 마루에 올라
눈부신 목소리로 햇님께 소원을 빌었다.

눈만 뜨면
그림자처럼 따라다니는 걱정

이제는 쓰레기통에 버리고
햇님하,
빈 가슴에
당신의 해맑은 웃음을 채워 주십시오.

틈만 나면
독버섯처럼 돋아나는 걱정
당신의 뜨거운 품에 안아 주시고
빈 가슴에
웃음의 씨앗을 뿌려 주십시오.

그 웃음의 씨가 싹이 트고 자라
꽃이 피고 열매가 맺어지는 날
바구니에 따 담아 놓고
친지, 이웃들과 함께 나누고 싶습니다.

봄손님

일 년에 한번씩
꼭꼭 찾아오는 봄손님

여느 때는
파릇파릇 풀잎 옷을 입고 오시더니
이번에는 고달픈 몸으로 낙엽 옷을 입고
지팡이를 짚고 오시네.

오는 길에
고향집에 들렀다며
뜰에 핀 살구꽃 가지를 한 아름 안고 와서

내 가슴에 안겨 주고 가시네.
노란 개나리꽃 다발도 함께.

나는 집 청소를 해놓고
향긋한 주안상을 차려 놓았지만
봄손님은
갈 길이 바쁘다며 훌쩍 떠나시네.

마주 앉아서
옛 이야기를 나누며
고향 소식을 묻고 싶었는데.

산새와 자연을
노래하다

고산골 청둥오리

언제부터인지
고산골 계곡 웅덩이에
청둥오리 한 마리가 살고 있다.

오리들은 가을에 왔다가 봄에 북으로 가는데
이 녀석은 봄이 되어도 가지 않고
고산골에 살고 있다.

가다가 길을 잃었을까
갔다가 탈북을 했을까
고산골 봄꽃이 좋았을까.

물어 보고 싶다.

사람들은 기이하고 애처롭다며
모이를 던져 주는데
붉은 옷을 입은 고산골 관리소장과
"주사파"란 명찰을 단 관리인은
"이 배신자" 라며 돌을 던진다
어서 북으로 가라고.

꽃 피고 새 우는 이 아름다운 고산골
천둥오리가 떠난 고산골 앞산공원엔
상춘객의 발길이 끊어지고
잣나무 밑 벤치에는
낯선 사람들이 시퍼런 눈알을 부라리며 앉아
있다.

노목에도 꽃이

사월 어느 날 느지막한 오후
고산골 자락길을 걷다.

길가 아름드리 벚나무 노목엔
벚꽃이 흐드러지게 웃고 있다.
걸음을 멈추고 조용히 눈을 감는다.

저 벚나무
무엇이 좋아 저렇게 웃고 있노.
저 노목에도 꽃이 피는데
사람의 노목엔 언제 꽃이 피겠노.

옛 시인은 꽃을 보고 탄로가를 부르고 갔다
　　歲歲年年花相似
　　年年歲歲人不同

성불사에서 들려오는 독경 소리
망상을 다독여 주는데
어느덧 해가 저물고
땅거미가 내린다.
하루살이 떼가 날고 있다.
　　花無十日紅
　　人生七十古來稀

따지고 보면
모두가 하루살이.

햇님에게

햇님
이거 해도 너무한 것 아닙니까
당신의 갑질에 살 수가 없습니다.
연일 38도의 뜨거운 불덩이를 쏟아 부으니
이게 너무 심한 것 아닙니까.
세상을 온통 불가마로 만들 겁니까.

사람도
짐승도
초목도
당신의 갑질에 숨을 죽이고

저 묵묵한 바위도 울고 있습니다.

지난날
당신의 온화한 얼굴에서
새싹이 돋고
꽃이 피고
새와 함께 노래하던 그 사랑
다 어디에 감추어 두고
폭군이 되었나요.

대신동 서문시장
구름다리 위에서 바구니를 놓고 앉아
삶을 구걸하는 사람을 보았나요.

햇님하
이제 제발 불덩이는 그만 말고
이들의 머리 위에
당신의 따스한 손을 얹어 주십시오.

뻐꾹새

내 어릴 때
감밭들 네 마지기 아시 논매미
머슴 배 고플세라 중참 가는 길
따라오며 울던 뻐꾹새
친구하자 뻐꾹뻐꾹
애절에 발목 잡혀 놀다가
참 늦어 꾸지람 들었지

봄 같은 푸른 나이
푸른 꿈 품고 고향 떠나온 나그네
낯 설고 물 설고

뻐꾹새 그리워 울고 또 울었지

어느덧
강물 따라 저만큼 가버린 세월
오랜 교단생활 그리워 또 울었지

범물동 산 13번지
내 둥지 옮겼단 소식 듣고 찾아온 뻐꾹새
반갑다 차 한 하자 하네

비둘기

비둘기가 나뭇가지에서 구슬프게 울고 있다
구슬프다 못해 청승스럽다.

한 마리가 울음을 토하면
맞은편 산에서 또 한 놈이
이번에는 처량하게 운다.

눈물을 뚝뚝 흘리기도 하고
때로는
목에서 피를 토하면서 울기도 한다.

뿌꿈뿌꿈 뿌꿈뿌꿈
지집 죽고 자식 죽고
나 호분차 우에 살고
뿌꿈뿌꿈 뿌꿈뿌꿈

이놈들은
그 무슨 한 맺힌 사연이 있기에
저렇게 목 놓아 울고 있노.

아내를 잃은 지아비가 죽어서
그 혼이 비둘기가 되어
저렇게 울고 있단다.

할머니는 나에게 전했다
가슴 저미는 비둘기의 울음
귓전에 맴돌다.

능수버들

눈보라 몰아치고 푸른 서리 내리는 날
쪽머리 풀어내어 냇물에 감아 빗고
손으로 땅바닥 치며 오열하는 여인이여.

천안의 삼거리에 이름 없는 주막에서
촛불을 밝혀놓고 맹세한 나의 임아
임 떠난 독수공방은 왜 이리 차가운가.

자나새나 일편단심 오매불망 임 생각에
창문을 열어놓고 먼 하늘 바라보니
무심한 먹구름만이 오락가락 하는구나.

오늘은 기별 올까 내일이나 임이 올까
정화수 받쳐놓고 지극정성 빌어본다
끝끝내 기다림 겨워 청사에 목을 매다.

애절한 그 사연이 세월 넘어 전해 오니
그 이름 능수낭자 그 정절 고귀하다
순애한 능수의 넋이 강물따라 흐른다.

☆ 능수는 조선시대 지방관리의 딸
변방에 오랑캐가 침입하자 지방관리인 능수의 아버자가 전쟁에 징집되어 출전한다. 이때 능수의 홀아버지는 능수를 데리고 가다가 충청도 천안에 이르러 딸을 어느 주막에 맡긴다. 그 후 전쟁은 끝났으나 능수의 아버지는 돌아오지 않아 한 많은 세월을 보내고 있을 때 과거를 보러 가던 박현수라는 선비가 이 주막에 들러 능수와 사랑을 하게 된다. 박 선비는 능수와 재회를 약속하고 과겻길로 떠난다. 그 후 능수는 아무리 기다려도 박선비가 돌아오지 않자 세상을 비관하고 어느 날 봄 창가에 늘어진 수양버들 가지에 목을 매어 생을 마감한다. 이때부터 수양버들을 능수버들이라 부른다. 능수의 순애보다.

낙엽

나뭇잎이 뚝 뚝
가을이다.

인생도 뚝 뚝
황혼이다.

해가 서산마루에 뚝
노을이 붉게 탄다.
산새들이 슬피 운다.

친구야

술이나 한 잔 하자구나
인생은 어차피 이별 아닌가.

박꽃

세상일에는 높낮이가 있고
선도 있고 악도 있고
어차피 우리는 이들과 함께 살아야 해

하지만
세상일이 하도 역겨워
눈도 감고 귀도 막고
드디어 아무것도 보이지 않는 밤
평화를 먹고 싶었다.

하룻밤을 살아도

높낮이와 선악이 보이지 않는 그런 세상
캄캄한 밤
별빛을 바라보며 살고 싶었다.

밤에만 피는 꽃
별빛이 쏟아지는 여름밤
소복을 하고
초가지붕 위에 피어 있는 박꽃
너는 진정 선녀의 넋이로다.

세상사
참 허무하고 적막하다 싶었는데
밤새워 울어주는 소쩍새가
나의 심금을 울리네.

잡초

세상에 참 모질고 독한 놈이 다 있다.
밟히고 밟히어도
꺾이고 꺾이어도
죽지 않는 놈, 잡초.

그 중에도 쇠비름이란 놈은
남의 영양분을 다 뺏아 먹고
살이 통통하게 올라
오뉴월 되약볕도 아랑곳하지 않고
며칠째 바위에 누워 잠을 잔다.

갑자기 내린 소나기에 놀라
부스스 일어나 눈을 비비며

잠 한숨 잘 잤네
누가 이 따뜻한 침대에 눕혀 놓고 갔노.

참, 강인하고 모질고 끈질긴 생명
나는 그만
그 바위 앞에 백기를 세워 놓고
마음의 뜨락에 비문을 새긴다.

잡초처럼 살자.

산의 연가

나에게는
또 하나의 애인이 있다.

쪽빛 하늘을 등에 지고
침묵으로 침묵으로 살아온 산

억겁 인고의 나날
애환을 불 태우고
정을 나누어 주는 산
나에게 말없이 살라고 가르쳐 주는 산

거기에는
어머니 품속 같은 사랑이 있고
평화가 있고
종교가 있고
달빛에 흘러나오는 교향곡이 있다.

한나절 산에 오르면
가슴에 가득 찬 번뇌를 비워 준다.
산이 좋아
천리 밖에서 달려가면
산은 또 산 저편에 서서
내 영혼을 부르고 있다.

강물

노을빛 하늘을 뒤에 두고
고운 강물이 흐른다.

언덕엔 들국화도 피어 있고
두견새도 저렇게 우는데

네 본디 타날 때
기다림과 회기의 정을 담아 오지 않았다 해도
두고 온 고향만은
한번쯤 되돌아 봄직 한데.

지나가는 바람도
흘러가는 구름도
다 머물다 가는데
그 무슨 한 맺힌 사연이 있어
돌문을 닫고 돌아오지 않는고.

내 가슴에 묻어 둔 그리움은
물망초로 자라나
계절 따라 피고 지는데

오늘도
무거운 강물이 흐르고 있다.

내 친구 바람아

내 친구 바람아
나의 애인 구름아
나의 쉼터 범물동 13번지
조용한 여기에 와서
술이나 한 잔 하고 가거라.
훨 훨 날아가는 고향 까마귀 너도

그저 정답게 이야기하고
그저 흥겹게 노래 부르고
그것으로 오늘의 의미를 찾고
왜 여기 사는지 묻지 말아라.

내 친구 바람아
너와 더불어 지친 심신을 쉬고자 함이니
다시는 그 험상궂은 먹구름은
데리고 오지 말아라.

정월 보름달

해마다 이맘때 오늘
사람들은 나를 보고
복과 소원을 달라고 한다.

나는 계수나무 한 그루
토끼 한 마리를 기르고 있을 뿐
내가 줄 수 있는 것은 아무것도 없다.

내가 그런 전지전능의 힘을 가지고 있다면
인간은 한없이 불행했으리라.

어느 때인가
신만이 올 수 있는 이 먼 나라에
인간이 찾아 왔다.
소스라치게 놀라 쳐다 보았다.

탐욕이 덕지덕지 붙은 흉측한 얼굴
부정과 거짓으로 재물을 긁어 모은 검은 손
약자를 짓밟은 구둣발
우리 땅이 생긴 이래 처음 보는 괴물이다.

이 괴물이 며칠 머무는 동안
내가 기르던 토끼가 죽고
계수나무가 고사했다.

지금 달나라에는
쓸쓸한 바람이 불고 있다.

꽃

미국 사람들은
꽃을 flower라고 부른다.
그 이름이 지렁이가 기어 가는 것 같아서
징그럽고 지저분하다.
향기도 없고 아름다움도 없다.

중국 사람들은
꽃을 화(花)라고 부른다.
그리 아름다운 이름은 아니지만 합리적이다.

초(艸)는 풀, 화(化)는 된다, 변한다.

꽃이 풀에서 태어난다는 말이다.

우리는
곱고 아름다운 그 자태에 매료되어
온 동네 사람들이 모여
와, 하고 탄성을 쏟아 낸 감탄사가 꽃이다.
그때부터 꽃은 향기를 내뿜었다.

세종대왕이 심어 놓은 꽃
보면 볼수록 아름답다

농심

콩을 심으니 콩이 나고
팥을 심으니 팥이 난다.

콩이 자라니 마음도 자라고
팥이 자라니 마음이 즐겁다.

콩잎을 고라니가 먹으니
마음이 찢기고
팥잎을 토끼가 먹으니
마음에 파도가 인다.

고구마가 줄기를 뻗으니
마음도 뻗는다.

고추가 주렁주렁
마음의 밭에는 즐거움이 주렁주렁

흙은 진실하고
농심은 천심

솔

나무는 여름에 옷을 입고
겨울에 옷을 벗는다.

사람은 여름에 옷을 벗고
겨울에 옷을 입는다.

하지만 솔 너는
한여름 폭염에도
한겨울 설한풍에도
마냥 청청한 자태 그대로다.

한겨울 건강을 찾으러
고산골 자락길을 걷는데
길 언저리에 서 있는 노송이
입고 있는 털옷을 벗어라고 한다.

조금만 더워도
조금만 추워도
참지 못하고 호들갑을 떨고 변덕을 부리는
나를 꾸짖는다.

인내와 강인함은 어려움을 극복하는 바탕
솔의 교훈을 깨닫기에 너무 늦었다.

잊지 못하리

도동서원

춘설이 내리는 이른 봄
물어물어 도동서원을 찾았다

서원 유사가 내어 준 도포를 입고
다소곳이 참배를 하고
돌아서 강당 앞에 서니
기둥에 둘러진 흰색 한지가 특이하다

한훤당 선생을 배향한 도동서원
거기엔
선생의 높은 삶과 인생관과 가치관이 숨쉬고

있으며
500년이 지난 지금도
선생은 소학과 사서삼경을 읽고 계셨다.

한 시대를 높게 살면서
소학을 몸소 실천하고
어지럽고 어두운 조선사회에
도학의 등불을 밝혀
민족의 나아갈 길을 이끌어 주신
조선의 큰 스승 한훤당 김굉필 선생

갑자사화로 짧게 사셨지만
오늘날까지 민족의 사표로 추앙을 받고 있음은
도학의 영수로
오현의 수현으로
올곧은 선비로
민족사와 문묘에 함께 살고 계심이다

실로 도동서원은

선비정신의 화신이요
선비가 추구하는 이상향이다.

한훤당 선생의 가르침과 정신을
가슴에 담아 서원 문을 나서니
내리던 눈이 걷히고
하늘엔 햇빛이 빛나고 있다.

잊지 못하리

오늘
94세의 할머니가 눈을 부릅뜬 채
일본 대사관 앞에 누워
큰 소리로 호통을 치면서 눈을 감았다.

이놈들아 잘못을 사과하라.

13세의 꽃다운 나이로
일본군 위안부로 끌려가
온갖 수모를 겪고
한으로 살아온 김복동 할머니.

얼마나 한이 맺혔으면
침을 뱉던 이 장소에서 영결식을 치를가.

오호통재라
원통하고 분하다.
하늘도 울고 땅도 울고
산천초목도 울었다.
온 국민의 눈물이 강물로 흐른다.

그런데도
후안무치 저 만행의 본산지 일본은
하늘이 시퍼렇게 내려다보고 있는데도
아직도 이 땅 구석구석
짓밟은 군화의 자국이 생생하게 남아 있는데도
사과는커녕 고개를 쳐들고
독도를 내놓으라고 망언을 한다.

천인공노
나는 그만 두 주먹을 불끈 쥐었다.

누가 내 손에 총을 쥐어 다오.
철천지원수
저 악랄한 원수의 심장을 뚫어
펑펑 쏟아지는 피를 한 사발 받아
민족의 제단에 올려놓고

이놈들아
하늘이 무섭지 아니하냐
잘못을 사과하라.
저 오열
저 통곡 소리가 들리지 않느냐.

외치리라.

김복동 할머니
이제 한의 보따리를 우리에게 넘겨주고
하늘나라로 떠났습니다.
거기 가서
인권의 수호신이 되어

인권의 그늘에서 신음하는 사람을 돌보소서.
한 송이 연꽃으로 태어나소서.

2019년 2월 1일 할머니 영전에

버스 기사와 할머니

그때는 언제나 그랬다
시골 5일장엔 버스가 항상 만원이다

곧 주저앉을 것 같은 고물 버스가
정류장에 닿으면
할매들은 산채 보따리를 이고 버스에 오른다.

그 못된 버스기사

할매, 차 타면서 수고합니더
그렇게 동작이 느리면 파장 되겠심더

말 마이소
먹고 살라니 힘 드네요.

아들 딸 다 어디 가고
할매가 시장에 다닙니까?
저거도 먹고 살기가 어렵다네요.

다음 장날에도 또 차 탈 겁니까?
탈 일 있으면 탈거고
탈 일 없으면 안 탈 겁니다.

초근목피로 연명을 하고
보리 고개를 넘어야 하는
가슴 저미는 슬픈 이야기

경천동지

2002년 6월 22일 오후 3시 30분
광주 월드컵 경기장에
북소리. 함성이 울려 퍼진다.
한국 대 스페인
월드컵 4강 진출을 놓고
한판 축구 경기가 붙었다.

밀고 밀리는 격전
전후반 내내 영 대 영으로 무승부.
연장전 마저도 무승부
마침내 승부차기

선수도 관중도 피가 마르고
바람도 구름도 숨을 죽이네.

스페인의 네 번째 선수가 공을 차니
공이 하늘을 날았다.
아. 요놈의 공이 내 말을 잘 안 듣노
하늘을 나는 놈은 새뿐인데
공이 하늘을 나네.
두 손으로 땅을 친다.

우리는 홍명보의 마지막 공이 골대에 꽂히니
한국은 5 대 4로 승리.
순간 붉은악마의 물결이 지축을 흔들고
경천동지. 온 나라가 환호. 감격
길거리마다 눈물바다가 되어 출렁출렁
이것이 꿈인가 생시인가.

아! 4강 진출
나는 그만 눈을 감았네.

가슴에서 바위가 떨어지네.

보고만 가시옵소서

봄 하늘이 하도 고와서
이따금 다니던 가창골을 찾았다.
맑은 계곡물에
마음에 쌓인 먼지도 씻고
저승 갈 때 가지고 갈
새 노래 한 곡
솔바람 한 줄기 담아 오고 싶어서.

지나치는 산자락 미나리밭에
군데군데 검은손이 지나간 흔적이 있고
거기엔

주인의 마음이 피켓을 들고 울고 있다.

- 보고만 가시옵소서 -

걸음을 멈추고 피켓 앞에 서니
불현듯 어릴 때 밀서리 콩서리 해 먹고
낄낄거리며 웃던 생각이 난다.
한동안 눈을 감고

-보고만 가시옵소서 -

나의 종아리를 때리는 회초리요
계곡물에 검은손을 씻으라는
호소문이요 기도문이다.

이 피켓을 뽑아
밀서리 공범
내 친구 손달이 가슴에 꽂아 주고 싶다.

짝 잃은 개

교통사고로 짝을 잃은 개가
짝의 무덤을 찾아 조사를 읽고 있다.

참 기이하고 신령스런 일이라
sbs방송 프로그램 동물농장에서
이 장면을 방송했다.

이 방송을 시청하는 순간
어릴 때 옆집에서 기르던 개가
개장수에게 끌려가면서
울부짖던 비명소리가 귀에 쟁쟁하다.

애절함은 잠시 호주머니에 넣어 두고
증오와 울분과 애도가 교차한다.
오한과 전율이 온 몸을 휘감는다.

나는 그만
그 충격을 주체할 수 없어
눈을 감고 말았다.

광란

2012년 10월 4일
서울 시민광장
세계적으로 폭발적 인기를 끈
강남스타일 싸이의 말춤 공연에
팔만명의 인파가 운집했다.

모두 흥에 겨워
노래와 춤의 물결이 출렁출렁
머리는 머리대로
팔은 팔대로
다리는 다리대로

흔들고 돌리고 뛰고
서로 껴안고
맨땅에 누워 딩굴고
드디어 실신
굉음의 구급차 출동.

쓰레기가 하늘을 날고
술병이 땅바닥에 즐비하고
한마당 가을 축제가 난장판이 되었다.
쯧 쯧 쯧
어쩌다 단군의 자손들이 이 꼴이 되었나.
하늘에서 내려다보고 있던 해가 혀를 찼다.

동문서답

동네 홀아비 영감
풍각장에서 산 갈치 한 마리를
지푸라기에 매어달고 집으로 간다.

동네 젊은 사람 인사
할배, 장에 갔다 옵니꺼.

홀아비 영감,
갈치를 들어 보이며
응, 칼치다.

오늘 장 쌀값 시세가 어떠합디까.
응, 500원 주고 샀다.

그럼, 안녕히 가입시더.
응, 구워 먹을란다.

길가의 개미가 허리를 움켜쥐고 웃고 있다.
사람은 누구나 늙으면 홀아비 영감이 되는 걸.

충혼탑 앞에서

여기
한 허리 버혀진 땅 부여잡고
가슴으로 한을 승화시켜
믿음으로 살아온 겨레가 있다.

1950년 6월 25일
홰를 치는 닭의 목을 끊고
망나니들의 포성이 새벽을 열었다.

조국은 동족의 가슴에 총부리를 겨누는
가증스런 자식을 낳았다.

그날부터 피멍든 조국은
신음해야 하는 역사를 남겼다.

이제
강산이 네 번 반 변했어도
아직도 부릅뜬 채 감지 못하는 눈
그때의 함성이
이 충혼탑에 녹음되어 되살아나고 있음을.

세월은 말없이 가는 것
그 속에 진실만이 살아남아
그들을 심판할 날이 멀지 않았으니
그때 가서
민족의 원혼 앞에 무엇으로 속죄할 수 있으랴.

호국 영령들이여
당신들이 선택한 죽음이
헛될 수 없고 헛되어도 아니 되기에
나는 오늘

이 충혼탑 앞에서 손을 모으고 있다.

길을 걷자

머리가 아플 때는 산길을 걷자
달콤한 산새의 노래
미소 짓는 산유화
속삭이는 솔바람

옆에 끼고 오솔길 따라 영마루에 오르면
마음은 날개를 펴고
창공을 날고 있다.

마음이 미워질 때는 눈길을 걷자.
달빛을 끼고 눈길을 걸으면

하얀 발자국 소리가 들린다.

생명 탄생의 신비의 소리
태초에 천지가 열리는 소리
한 걸음 한 걸음 옮길 때마다
하얗게 변해버린 번뇌 망상

마음이 분노할 때는 바다로 가자.
그 바다의 넓은 가슴에
집에서 가지고 간
분노의 광주리를 비우자.
그리하여
집으로 돌아 올 때는
빈 광주리에 바닷바람 한 줄기만 담아 오자.

목불인견

경주 양남 체육관 지붕
눈 무게 겨워 무너졌다.

환영회 하던 부산외대 신입생
10 명 죽고 50여 명 부상

순간
천둥이 치고 섬광이 번쩍
아우성 아비규환
살려달라는 비명 소리
참으로 목불인견하고 참혹했다.

하늘도 울고 땅도 울고 나도 울었다.
자식을 잃고 오열하는 부모
부처님도 돌아 앉았다.

채 피지도 못한 꽃봉오리들
무참히 짓밟은 하늘이 원망스럽다.

하느님이여
당신의 사랑으로
이 애궂은 영혼들을 굽어 살피소서.

인생관이야

고향 초등학교 동창회하는 날
서울 친구들
모두 ktx 열차를 타고 오는데
부자 친구 한 사람은 무궁화 열차로 왔다나.

이구동성으로
부자가 삼등열차를 타고 다닌다.
돈 놔 두고 어디에 쓰려고
공수래 공수거인데
돈
죽을 때 가지고 가는 것도 아닌데

편하게 살지.

친구들의 핀잔에 부자 친구 왈
자린고비는 조기 한 마리를
벽에 걸어 놓고 쳐다 보면서 밥을 먹었다는데
그게 다 각자의 인생관이야.

친구들 왈
그런 희한한 인생관도 다 있나.
그 인생관 좀 배워서 부자 되어 봤으면.

하 – 하 – 하 – .

제자들에게
남겼던
옛 글 모음

모계인의 상(像)

신미년이 저물어 갑니다. 해마다 12월이 되면 한 해를 보내는 아쉬움과 새해를 맞이하는 감회가 교차하는 것이 인지상정입니다.

학생 여러분, 가장 조용한 시간에 책상 앞에 앉아 지난 일 년을 되돌아 볼 시간입니다. 희망과 포부를 가지고 출발했던 학년 초의 계획을 성실히 실천하였는가를 살펴보십시오. 그 계획을 다 실천하지 못했다면 다가오는 임신년에는 꼭 실천하여 자기 발전을 이룩하기 바랍니다.

인간은 희망과 포부를 가지고 살아갑니다. 각자 그 희망과 포부를 성취하기 위하여 계획을 세워 각고의 노력을 합니다. 그 결과 자기가 뚜렷하게 나타낼 수 있는 것이 나의 상(像)입니다.

상(像)이란 감각기관을 통하여 받아들인 사물의 모양, 빛깔, 소리, 맛 등의 인상을 상상이나 기억으로 떠올린 것입니다. 흔히 이미지라고도 합니다. 이와 같은 상은 일반적이고 평범합니다. 서울대학교 3명, 고려대학교 2명 합격 등 세인의 이목이나 시선을 끌 수 있는 것이 높은 가치의 상입니다.

이 세상 존재하는 모든 물체는 상을 가지고 있습니다. 그 중 기암괴석으로 절경을 이루고 있는 명산, 마을을 지키고 있는 느티나무, 재학 중 특별히 사랑과 은혜를 베풀어 주신 선생님 등 내 마음에 각인되어 오래도록 남아 있는 것이 진정한 상입니다.

학생 여러분, 우리 모계인은 자연이 금강산과 같은 명산을 만들어 놓았듯이 선생님과 여러분이 열심히 가르치고 배운 결과 경상북도 교육청 "우수 학교" 지정을 받아 모계인의 상을 이룩하였습니다. 4년 전만 해도 명문대학에 합격한 학생이 손가락을 꼽을 정도였으나 근년에는 꿈에도 그리던 서울대학을 비롯하

여 많은 학생들이 명문대학에 합격하였으며 금년에
는 과학기술대학에도 합격하였으니 이것이 모계인
의 상입니다. 우리 모두 "하나 되자"라는 표어를 가
슴에 달고 열심히 노력합시다.

※모계고등학교 교지 〈모원〉 35집(1992년 2월)의 글을 수
 정하여 옮김

책을 잡아라

우리 조상들은 책 읽기를 좋아했다. 농경이 생활의 터전이었던 옛날에 책 읽기란 그리 쉬운 일이 아니었다. 밭에서 김을 매다 쉬는 여유가 있으면 책을 읽었고 밤잠을 줄여서 책을 읽었다. 하루의 대부분을 농사일에 빼앗기고 책 읽을 시간이 없었다. 그리고 오늘날과 같이 좋은 선생님과 책을 얻기란 또한 쉬운 일이 아니었다. 밤을 세워가며 남의 책을 빌려서 베꼈다. 게다가 전기불도 없었다. 희미한 등잔불 아래서 글을 읽었다. 주경야독, 형설의 공이란 이래서 생긴 말이다.

우리 조상들은 독서에 한이 맺혀 있었다. 책을 읽을

수 있는 여건이 생의 최대 낙원이요, 행복이었다. 학생 여러분은 선조의 묘표나 제사에 지방을 자세히 보면 거기에 '學生'이란 글자가 들어 있는 것을 알게 될 것이다. 이 學生이란 말은 바로 독서에 대한 한과 애수가 깃들어 있다. 이 세상에서 다 읽지 못한 책을 저 세상에 가서 읽겠다는 한이 서려 있는 뜻이다. 독서에 대한 간절한 소망이 한으로 승화되었음이 우리 조상들의 독서관이다.

이렇게 볼 때 오늘을 살고 있는 우리의 독서 여건과 실태는 어떠한가? 서점에 산더미처럼 쌓여 있는 각종 서적, 대낮과 같은 조명, 풍부한 종이와 필기도구 등 어느 것 하나 글을 읽고 쓰는 데 부족하거나 불편한 것이 없는 세상이 되었다. 그런데도 우리의 독서 실태는 선진국에 비해 비교가 안 될 정도로 독서율이 떨어지고 있는 실정이다. 일본이 1인 연 12.7권, 미국이 10.5권에 비하여 우리는 2.7권밖에 안 된다. 우리는 농경에서 산업화가 될수록 책을 더욱 많이 읽어야 하는데도 독서율이 떨어지고 있으니 안타까운 일이 아닐 수 없다.

책을 잡아라. 책을 잡은 것이 행복을 잡는 것이 된다. 책을 잡은 사람은 영광의 꽃이 피고 행복의 열매가 열린다. 책은 영광과 행복의 씨앗이다. 책을 잡는 민족은 번영이 있고 그렇지 못한 민족은 쇠퇴하여 타민족에게 지배되고 만다. 과거에는 총을 잡은 민족이 세계를 정복했지만, 지금은 책을 잡는 민족이 세계를 흔든다. 우리 민족은 과거에 책을 마음대로 잡을 수 없었으므로 몽매하고 무지하게 살았다. 그 결과 우리는 타민족에게 지배되었음이 우리의 역사가 증명해 준다.

책을 읽는다는 것은 지은이와의 만남이다. 그 만남을 통하여 인품을 본받고 지식과 지혜를 얻어 나를 새롭게 한다.

책을 잡아라. 책 속에는 길이 있다. 이정표가 길을 안내하고 나침반이 뱃길을 가리켜 주듯이 책은 방황하기 쉬운 인간의 마음을 바르게 이끌어 목적지에 도달하도록 가르쳐 주는 길잡이다. 책 속에는 千種祿이 있고, 수많은 차마가 있고, 아름다운 여인이 옷깃을 여미고 나를 기다리고 있다.

책을 읽어라. 하지만 때로는 책이 가는 길은 순탄하지가 않다. 거기에는 가시밭길도 있고 험한 고개도 넘어야 하는 고행의 길이 되기도 한다. 독서는 끊임없는 자기 자신과의 싸움이며 완성이 있는 것도 아닌 괴롭고 외로운 장거리 경주이다. 독서가 달려가는 길에는 화려한 관중이 있어서 박수갈채가 쏟아져 나오는 것도 아니다. 하지만 그 고통과 고독을 보상하는 영광과 축복이 기다리고 있다는 것을 생각할 때 우리는 한시라도 독서의 등불을 꺼서는 안 된다는 것을 명심해야 한다.

대학의 문을 향하여 3년을 하루같이 등불을 끄지 않고 외로운 길을 달려 온 졸업생 여러분께 진심으로 축하의 뜻을 보낸다.

1994년 2월

모계고등학교 교지 < 모원 > 37집

시간을 잡아라

갑술년 한 해가 저물고 있습니다. 며칠이 지나면 나이를 한 살씩 먹게 되고, 1학년 2학년은 한 학년씩 진급을 하게 됩니다. 3학년은 겨울 방학을 지나면 졸업을 합니다. 이것은 시간이 가져다 준 자연의 법칙입니다.

돌이켜 보면 입학하여 좋아라고 뛰놀던 때가 엊그제 같은데 3년이란 세월이 물 흐르듯, 바람이 지나가듯 가버렸습니다. 아무리 불러 보아도, 되돌아보아도 소용없고 속절없는 것이 시간입니다. 그래서 사람들은 무정한 세월이라고 합니다.

한 해가 저물면 사람들은 쓸쓸하고 아쉬움을 느끼

게 되는데 그것은 돌아 올 수 없는 시간을 원망하는 마음입니다.

학생 여러분, 지난 1년은 정말 빨리 가버렸습니다. 이제 한 해를 마무리 하고 반성해 보아야 하는 시점에 와있습니다. 1년이란 시간을 얼마나 유용하게 써 왔으며 1년이란 시간의 광주리 안에 갖가지 탐스런 결실을 담아 놓았나를 점검해 보아야 합니다.

인간이 이 세상에 태어나서 죽을 때까지 하늘로부터 받아 온 시간은 100년을 넘기지 못합니다. 이 시간은 남에게 줄 수도 받을 수도 없으며 많은 돈을 주고도 살 수 없는 소중한 보배입니다. 그런데도 어리석은 사람은 영원한 목숨을 가진 것처럼 착각하고 있습니다. 실로 안타까운 일이 아닐 수 없습니다.

결국 인생의 성패는 이 귀중한 보배를 얼마만큼 아끼고, 값지게, 유용하게 보내느냐에 달려 있습니다. 마음 밭에 씨를 뿌리고 때를 놓치지 말고 절차탁마하는 자세로 꿈나무를 가꾸어 나갈 때 충실하고 탐스런 열매가 맺어진다는 것을 명심해야 합니다. 시간을 아끼고 소중하게 여기는 것이 자기의 이상을 실현하는

지름길이요, 허송세월 속에서 무사 안일을 일삼고 무위도식하는 사람은 인생의 대열에서 낙오가 된다는 것을 학생 여러분은 실감했을 줄 압니다.

일찍이 서양 사람들은 시간을 돈이라 하여 시간을 아끼고 사랑했습니다. 그 결과 그들은 경제를 발전시켜 부유한 생활을 영위해 왔습니다. 반대로 우리는 이 귀중한 시간을 경시해 왔습니다. 우리는 '노세'를 주창했고, '코리안 타임'이란 말이 생겼고, 심지어 '세월이 좀 먹나'의 사상이 우리의 의속 속에 파고들었습니다. 그 결과 우리는 가난하게 살아 급기야 남의 지배를 받았습니다. 이렇게 볼 때 시간을 사랑하고 소중하게 여기는 민족은 번영하고 그렇지 못한 민족은 남에게 뒤떨어진다는 것을 우리의 역사가 증명해 주고 있습니다.

시간을 잡아라. 시간을 잡는 것이 행복을 잡는 것이 된다. 시간을 아끼고 값지게, 보람되게 보내는 것이 시간을 잡는 것이 된다. 시간은 물동이에 담아 둔 물입니다. 그 물을 값지게 사용하는 것이 시간을 잡는 것이 됩니다. 그 물은 목마른 사람에게 주어 갈증을

풀어주고, 소에게 먹여 신선한 우유를 만들어야 합니다. 그 동이의 물을 뱀에게 먹여 독을 만들어서는 안 됩니다. 그것은 나를 망하게 하고 사회를 어둡게 하여 혼란에 빠지게 하는 것이 됩니다. 학생 여러분은 아직 물동이에서 쓸 수 있는 물의 양이 많이 남아 있습니다. 지금까지 사용해 온 물이 값진 것이 못 되었다면 앞으로 사용하는 물은 정말 보람 있게 사용해야 합니다. 그리하여 그 물동이 안의 빈 공간에는 보배가 가득 차 있기를 바랍니다.

"일촌광음(一寸光陰)인들 불가경(不可輕)이라"

쉬지 말고 등불을 가까이 하여 내일의 희망을 향하여 힘차게 매진합시다.

1995년 2월
모계고등학교 교지 〈모원〉 38집

졸업과 방학의 의미

이제 며칠이 지나면 겨울 방학이 되고 3학년 학생들은 졸업을 하게 되는데, 흔히 방학과 졸업을 낭만이나 감상으로 생각하는 학생들을 보게 됩니다. 이것은 학교 공부에 시달리고 규칙적인 학교생활에서 해방감을 갖는 즐거움에서 오는 것인지도 모릅니다. 그러나 방학과 졸업은 학창 시절에서 해방감과 즐거움도 있겠지만 그럴수록 자기를 절제하고 자제하는 마음의 자세가 되어 있지 않으면 방학 생활은 자기에게 큰 후회와 낙오가 뒤따릅니다.

방학은 학창 시절의 꽃이라 볼 때 그 꽃에서 맺어지는 열매는 탐스런 것이어야 합니다. 무계획으로 놀다

보면 그 꽃에서는 쭉정이 열매가 맺어집니다. 그러므로 방학은 처음부터 거미줄 같은 설계를 세워 그 설계를 따라 하나하나 실천해야 합니다. 방학 생활의 설계는 자기의 소질을 계발하고 취미 생활과 학과 공부에서 뒤떨어지는 과목을 정리하고 보충하는 기회의 기간으로 만들어야 합니다. 방학의 진정한 의미는 자기 계획의 바탕이며 자기 시간의 설계도입니다. 그 바탕과 설계도에 의하여 튼튼하고 아름다운 집을 지어 자기 이상을 실현하는 일입니다.

인간은 이상과 꿈이라는 것을 가지고 있습니다. 그 이상과 꿈은 내일의 자기실현의 도구이며 자기 인생의 운명을 결정짓는 나침반입니다. 학생 여러분이 겨울 방학에도 모진 추위와 싸워가며 보충수업을 하고 밤늦도록 자율학습을 하는 것도 내일의 이상과 꿈을 실현하는 현실에의 도전입니다. 그러기에 방학 생활은 낭만과 감상이 아니고 현실입니다. 방학 생활을 나의 수련의 기회이며 절차탁마(切磋琢磨)하는 시기로 삼아야 합니다. 이렇게 볼 때 방학은 자기의 이상과 꿈을 실현하는 학창 시절의 보배입니다. 이 값진 보배를 잘 활용하느냐 잘못 활용하느냐에 따라 자기 인생의 성패가 결정됩니다.

그리고 졸업은 학업을 마치는 것이 아니고 시작입니다. 우리는 졸업이라는 개념 정의가 잘못되어, 졸업이라면 학업을 끝내는 것으로 풀이되어 있습니다. 서양에서는 졸업이 시작이라는 개념으로 정의되어 우리의 의식구조와 상반된 것을 보게 됩니다. 우리는 이 시작이라는 말을 대단히 중요하게 여깁니다. 시작이 반이다. 첫 단추를 잘 끼워야 끝 단추가 제자리에 온다. 천리 길도 한걸음부터라는 격언들은 시작의 중요함을 의미하는 명언들입니다. 그런데도 졸업식 날 교복과 책가방을 찢고 학업이 다 끝난 것으로 착각하는 것을 볼 때 한심스러움을 금할 수 없습니다.

일 년의 계획은 정월 초하룻날부터 세워야 한다는 옛말에 따라 다가오는 병자년 새해에는 좋은 계획의 씨를 뿌려 싹이 트고 무럭무럭 자라게 하여 탐스런 열매가 맺어지도록 해야 합니다. 시작이 좋아야 끝이 잘 맺어진다는 진리를 터득하고 학창 시절의 방학을 절차탁마하는 자세로 임해야 합니다. 절차탁마라는 말의 뜻은 옥이나 돌 따위를 갈고 닦아 빛을 낸다는 것인데 사람이 덕을 쌓고 학문을 이루는 것도 이와 같이 전력을 다하여 갈고 다듬어야 함을 이르는 말입니다. 다음의 이야기는 절차탁마를 실감케 하는 것으로 마음의 뜨락에 깊이 새겨 두어야 하겠습니다.

당나라 시선(詩仙) 이백은 상의산(象宜山)에서 10년 동안 시(詩) 공부를 하고 하산했습니다. 때는 이른 봄, 이만큼 시 공부했으면 되겠지 하는 자신감(자만심)으로 상의산 중턱을 내려오는데 백발 노파가 쇠절구를 열심히 바위에 갈고 있었습니다(磨鐵杵). 이백은 이상히 여겨 그 쇠절구를 갈아서 무엇에 쓰느냐고 물으니 노파가 답 왈, 이 쇠절구를 갈아 바늘을 만드는 중인데 오늘 꼭 10년째 갈고 있는 중이라고 했습니다. 이 말을 들은 이백은 10년 동안 갈고 닦은 자신의 시 공부에 회의를 갖고 다시 상의산으로 돌아가 시 공부에 정진했습니다. 이리하여 이백은 당대(唐代)에 유명한 시인이 되었고 중국의 시 세계를 풍미하는 불후의 명작을 남겨 몇 천 년이 지난 지금도 후인들의 입에 회자되고 있습니다. 학생 여러분, 磨鐵

杵의 이야기는 우리에게 어떤 교훈을 주었을까요. 하나의 학문을 이루거나 덕행을 갈고 닦는 데는 끊임없는 자기와의 싸움이며 칠전팔도의 고난과 절차탁마하는 마음의 각오와 자세가 있어야 된다는 뜻입니다. 만약 이백이 10년 동안 쇠절구를 갈고 있는 것을 보고 그 노파를 정신 이상자로 생각하고 그냥 지나쳐 버렸다면 유명한 시인이 되지 못했을 것입니다. 학생 여러분, 위의 이야기를 좌우명으로 마음에 새겨 두고 학업에 정진하기 바랍니다.

　少年易老學難成이라, 방학 생활을 값지고 보람되게 보내고 개학할 때는 광주리에 진주알을 가득 담아 오기 바랍니다.

1996년 2월
모계고등학교 교지 ＜모원＞ 39집

개교 50주년의 교훈

 1997년 10월 27일은 본교가 설립된 지 50주년이 되는 해이다. 강산이 다섯 번이나 바뀌고 나무로 치면 거목이 되고 사람으로 치면 중로의 나이다. 뒤를 돌아다보면 본교가 걸어 온 발자국 하나하나에 교육혼이 남아 있음을 깨닫게 된다.

 지금부터 50년 전인 1947년은 조국이 광복된 지 2년, 조국이 일제의 사슬에서 풀려났지만 완전 독립 국가를 이룩하지 못하고 미군이 신탁통치를 한 시대였으니 정치, 경제, 교육 등 모든 분야가 불안전하고 사회상은 이념 대결로 국민정서와 질서가 혼란한 시대였다. 정치는 미군에게 맡겨두고 경제는 보릿고개를 넘기지 못하여 초근목피로 연명하고 있었으며, 교육은 초등학교를 졸업하는 것이 고작이었다. 일부 부유한 집의 자녀들만이 도시의 중등학교에 입학하는 형편이었으니 요즘 학생들에게는 전설 같은 이야기로 들릴지 모를 일이다.

이와 같은 시대상을 실감하고 민족의 한을 사랑으로 승화시킨 분이 바로 본교를 설립하신 고 관제 김경곤 선생이다. 선생은 나라 사랑과 효의 실행이 학교를 설립하여 인재 육성에 있음을 깨닫고 아버님이신 모계 선생으로부터 물려받은 만석의 재산으로 본교를 설립했다. 고 관제 선생은 일제의 암흑기를 체험하면서 민족의 한을 쌓은 분이다. 우리나라가 일제의 사슬에서 고통당한 것은 신교육의 부재에 있음을 통감하고 학교 교육을 통한 인재육성만이 이 나라를 살리는 길이라 생각했다. 요즘으로 말하면 국제화, 정보화 시대를 빨리 열어야 되겠다는 것이었다. 그리고 선생의 본성인 애휼(남을 불쌍히 여겨 은혜를 베품) 정신이 본교 설립의 바탕이 되었던 것도 사실이다. 그 많은 재산으로 사리사욕을 탐하고 호의호식하면서 안일하게 살았다면 본교는 설립되지 못하였을 것이다.

이렇게 본교가 설립되자 중학교에 입학하지 못한 자녀들이 비로소 중등교육을 받는 혜택을 입게 되고 이로부터 이 고장에 인재가 양성되는 문이 열리게 된 것이다. 그 당시 본교가 설립되지 않았다면 많은 인재가 그대로 흙에 묻힌 채 국가와 민족에 기여하지 못하는 손실을 가져왔을 뿐 아니라 개인 생활에도 인생의 방향이 바뀌는 길을 걸었을지도 모를 일이다. 이렇게 볼 때 한 사람의 효의 실행이 만인에게 희망과 빛을 주고 나라와 겨레를 위한 것이라 생각해 볼 때 효는 진실로 위대한 것이라 하지 않을 수 없다.

이제 고 관제 선생이 남긴 위대한 정신과 은혜는 50년이 된 지금도 우리 모계인의 가슴에 따뜻하게 남아 있음을 느끼면서 개교 50주년이 주는 교훈과 의의는 크다고 볼 수 있다.

그 동안 본교는 50년의 장정을 걸어오면서 우리 사회는 상전벽해가 되는 변화를 해 왔다. 농경사회에서 산업화로 가는 도중 전통의식이 하나씩 하나씩 깨어져 가고 불화 음과 이기주의가 팽배해 가는 풍조가 만연된 사회로 변하였다. 그러나 아무리 세태가 바뀌고 민심이 변해도 사람에게는 원초적 동경과 추억을 가지는 것이 인지상정이라고 보면 충효의 교훈을 재조명해 보는 계기가 개교 50주년과 본교 설립 정신이 아닌가 싶다.

오는 10월 27일은 본교 개교 50주년을 맞는 뜻 깊은 해이다. 이를 위해 학교 당국과 총동창회가 고심과 걱정을 하고 1994년부터 수차례 동창회 임원 및 대의원회를 열어 모계학원 개교 50주년 행사를 성대하게 그리고 모계학원 역사에 길이 남을 행사로 거행하고자 만반의 계획을 세워놓고 있다.

학생 여러분은 전통과 역사와 유서 깊은 모계학원에서 향학의 등불을 밝히고 공부하고 있다는 긍지와 자부심으로 미래에 대한 설계도를 세워서 매진해 주기 바란다.

1997년 2월

모계고등학교 교지 <모원> 40집

학생부 관리와 대학입시

　정축년의 한 해가 저물고 있다. 해마다 12월이 되면 한 해를 마무리 짓은 일로 학교에서는 바쁘다. 고등학교 입학시험, 고등학교 3학년 학생부의 전산처리 이송작업, 대입 특차 전형 및 정시 원서 마감 등으로 고충을 겪는다. 특히 고 3 학생의 학생부 전산화 이송 작업은 그 내용이 만에 하나 착오가 있으면 대입 당락에 큰 영향을 주므로 더욱 고충이 따랐다.

　이번에 발간하는《모원》41호를 통하여 학생 여러분에게 격려의 말을 전하고자 하는 것은 학생부 관리와 대학 입시에 관해서이다. 현재 각 대학은 1)내신성적, 2)내신성적＋수능성적, 3)내신성적＋대학별

고사, 4)내신성적＋수능성적＋대학별고사의 4가지 방법 중 한 가지 방법에 의하여 학생을 선발하도록 되어 있다. 그 중 내신성적(교과성적 80%, 출석성적 10%, 특활·행동발달·봉사활동 성적 10%)은 40% 이상 필수적으로 반영하도록 되어 있다. 그러므로 대학입시에서 큰 비중을 차지하고 있는 학생부를 학생 스스로가 잘 관리하지 않으면 안된다.

학생부는 '학교생활 기록부'라는 말의 약어인데 학생 여러분의 인적, 물적 사항은 물론 제반 발달 상황(교과, 행동, 신체) 및 교육 활동에 대한 평가 내용을 기록한 학교에서는 가장 중요한 장부이다.

학생부는 오래 전부터 '생활기록부'라는 이름으로 불리어 오다가 1996년 8월에 학교 생활기록부로 그 명칭이 변경되면서 그 학생부에 기록되는 내용이나 체제가 세분화되고 다양해졌을 뿐만 아니라 학생부가 가지는 의미와 비중이 커졌다고 할 수 있다. 학생부의 의미와 비중이 커졌다는 것은 대입 내신 점수가 수능시험 비중과 비슷한 수준으로 대입 전형에 반영한다는 뜻이다.

이처럼 대입 전형자료의 비중이 큰 학생부를 어떻게 하면 학생 스스로가 잘 관리할 수 있을까.

　종래의 생활기록부는 각 교과의 점수를 합산한 총점에 의하여 학년 석차 및 학급 석차를 산출하여 전교에서 석차가 몇 등위에 들어가느냐가 내신점수의 관건이었다. 그러나 현행 학생부에는 각 교과별로 석차 백분율을 산출하고 '세부능력'난을 두어 각자가 가지고 있는 소질과 능력 및 창의력 등을 자세하게 기록하도록 되어 있는 것이 종래의 생활기록부와 크게 다른 점이다.

　국어의 예를 들면 "언어 구사능력이 뛰어나고 발표력이 있음" 혹은 음악에서 "가창력이 뛰어나 교내 음악경연대회에서 특별상을 받음" 등으로 기록할 수 있는 것이 '세부능력'난이다. 그리고 학생부에는 학생들의 '봉사활동'난이 신설되어 있는 것이 특징인데 역시 대입 전형에 반영하도록 되어 있다.

　앞으로 대입 수능시험의 존폐가 논란의 대상이 되고 있는데 만약 대입 수능시험이 없어진다면 학생부가 대학 입시에서 절대적인 것이 된다.

1998학년도의 서울대학에서 실시한 학교장 추천 입학 제도는 오로지 학생부에 의하여 선발되었다는 데에 우리는 주목하지 않을 수 없다.

1999학년도에는 대입 수능시험 과목이 4과목이나 줄고 문제가 쉬워 학교 공부만 충실히 하면 누구나 좋은 점수를 얻을 수 있다는 전망이다. 이에 따라 학생부의 비중이 더욱 커지게 마련이다.

앞으로 학생 여러분이 대학에 지망하려면 대입 수능 점수와 학생부에 나타나 있는 모든 것을 종합하여 대학을 선택해야 한다. 예를 들어 영문과에 지망하려면 학생부에 나타나 있는 영어의 석차 백분율이 상위에 해당하고 '세부능력'난에 '영어 회화 능력이 뛰어남'이라고 기록되어 있으면 가중점을 부여받게 되어 다른 학생보다 유리한 고지를 차지하게 된다. 그렇기 때문에 교과 시간이나 학교생활에서 자기가 가지고 있는 모든 것(특기, 능력, 소질, 창의력, 취미 등)을 최대한도로 발휘하여 광속에 곡식을 쌓아 놓듯 학생부에 쌓아 두어야 한다.

학생부는 학생 여러분의 모든 것을 한 눈으로 볼 수

있는 거울이다. 교과 학습의 거울이오, 마음의 거울이오, 행동의 거울이다. 학생 여러분이 가지고 있는 학력(지식)과 마음과 소질과 근면, 성실과 협동심 등 정의적 인지적인 것은 눈으로 볼 수 없는 추상적인 것들이다. 학생부는 학생 여러분이 가지고 있는 모든 것을 눈으로 보고 인성을 평가할 수 있도록 구체화한 것이 학생부다. 그렇기 때문에 때 묻은 자기의 모습이 그 거울 속에 나타나지 않도록 자기의 모습을 다듬어야 한다.

학생 여러분도 다 잘 알다시피 본교 문명철군이 서울대학교 치과대학에 합격한 것도 그 전형자료가 학생부에 의한 것으로 보아야 한다. 대입수능시험 점수가 문명철군보다 훨씬 높은 점수의 학생이 많았지만 그 많은 경쟁자들을 물리치고 당당하게 합격의 영광을 얻었다는 데에 우리는 주목해야 한다.

앞으로 고등학교 학교장 추천 입학 제도가 여러 대학으로 확대될 전망이라고 하니 학생 여러분은 자기의 학생부 관리에 최선을 다해 주기 바란다.

1998년 2월

모계고등학교 교지 <모원> 41집

소질 계발

소질이란 타고날 때부터 갖추고 있는 성질이다. 재주, 재능과 구별되기도 하지만 일맥상통한 말이라고 이해하면 되겠다.

사람은 누구나 한 가지 이상의 소질을 가지고 있다고 한다. 그림에 소질이 있다든지, 흥겨운 음악을 들으면 남다른 흥취가 흘러 나온다든지, 달리기를 잘한다든지, 손재주가 있어 어떤 물건을 잘 만든다든지 하는 것들은 모두 소질과 무관하지 않다.

사람이 누구나 가지고 있는 소질을 잘 살리고 계발하면 자기발전과 성장을 가져다주고 삶의 질을 높이고 행복한 삶을 누릴 수 있다고 확신한다. 어떤 분야에서 최고의 경지에 이르게 되면 후세에 길이 남는 역사 인물이 될 뿐 아니라 국가 발전에도 기여하게 된다. 요즘 국가정책으로 내세우고 있는 "신지식인 양성"도 소질 계발과 무관하지 않다. 그렇기 때문에 교육현장에서도 교육목표로 내세우고 있다.

그렇다면 교육목표 중의 중요한 자리를 차지하고 있는 소질교육을 학교에서 어떤 방법으로 어떻게 지도해 왔는가. 소질 교육을 안 했다기보다 할 수 없었다는 것이 그 대답이다. 사실 소질이란 흙 속에 묻혀 있는 진주와 같아서 찾아내어 갈고 닦지 않으면 그 진가를 발휘할 수 없다. 땅 속에 깊이 묻혀 있으면 찾기가 힘들고 얕게 묻혀 있으면 쉽게 찾아 낼 수 있다. 이처럼 사람의 머리 속에 잠재하고 있는 이 진주를 찾아내어 교육의 광주리에 담아 놓고 매일 닦고 갈아야만 소질이란 진주가 빛이 난다. 그런데 교육현장에서는 아침 일찍부터 밤늦도록 아무리 갈고 닦아도 빛이 나지 않는 물체를 두고 갈고 닦는데 교육을 모아왔다. 이러다보니 교육 본래의 목적이나 본질과는 거리가 먼 방향으로 걸어가고 있는 것이 오늘날 교육의 현주소다. 교육과정 정상화란 말이 생겨난 것이다. 전인교육, 열린교육, 교육개혁 등으로 현안 문제를 해결하고자 몸부림치고 있지만 제도적인 뒷받침 없이는 백년하청이다.

다행히 새 정부에서는 늦은 감이 있긴 하지만 교육병을 치료하기 위한 처방책을 내놓은 것이 대학 입시 제도의 개혁이다. 이와 병행하여 1999학년도 고등학교 1학년과 중학교부터 "새 학교 문화 창조"라는 새로운 교육의 틀을 짜고 그 실천 과제를 추진하게 하고 있다. "학생 개개인의 소질과 능력에 맞는 교육 풍토를 조성하여 자신의 적성과 잠재능력을 신장시킬 수 있는 자기 주도적 학습 능력을 함양한다."라고 명시하고 있다. 역시 소질과 적성의 중요성을 강조하는 말이다.

앞으로 중학생과 고등학교 1학년은 이와 같은 새 학교문화 창조의 기본 방향에 따라 동참하고 능동적인 자세로 임해야 한다. 이제 앞으로는 과거와 같이 대입 수능시험 점수를 많이 얻기 위하여 교과 공부에만 매달려 시간을 보낸다면 -보충수업, 야간자율학

습에 매달려 시간을 보낸다면- 대학 입시에는 고배
를 마셔야 하는 불운을 겪게 된다. 방과 후 교육활동
을 통하여 자기의 소질을 계발하고, 동아리 활동, 봉
사활동, 학교 축제문화 활동을 활발히 하여 그 결과
를 학생부에 쌓아 놓아야 한다. 마치 곡식을 광에 쌓
아 놓듯이 이렇게 하여 활동 하나하나를 내신 성적과
연결시켜야 한다.

  과거에 우리는 교과 공부를 잘하는 학생을 대학에
서 선발했지만 이제부터는(2002) 그 상황이 달라졌
다. 앞으로 대입 수능시험의 존폐 문제가 검토 중이
고 수능시험이 있다 하더라도 그 점수 반영 비율을
아주 낮게 정하기 때문에 교과 공부에 매달려 보충수
업을 하거나 밤늦도록 야간자율 학습을 할 필요가 없
어졌다. 그리고 1999학년도 고등학교 1학년부터 교
과목 수를 대폭 줄이고(10과목) 학생부도 단매형(1
장)에서 파일형으로 바꾸어 학생의 소질, 적성, 취미
등 모든 교육활동을 거울과 같이 자세하게 볼 수 있
도록 기록하고, 평가도 현재와 같은 선택형이나 단답
형 평가를 지양하고 학생의 총체적인 면을 평가하는

수행평가로 바뀌게 된다. 그러므로 나는 교과 성적이 좋지 못해서, 혹은 대입수능시험 점수가 낮아서 대학에 갈 수 없다는 과거의 고정관념에서 빨리 벗어나 "새 학교 문화 창조"라는 물결에 동승해야 한다.

앞으로는 어떤 학교가 좋은 학교일까. 과거처럼 교과 성적이 우수한 학생들이 모인 학교가 우수한 학교라는 고정 관념을 가지고 있으면 안 된다. 앞으로 좋은 학교가 되려면 선생님과 학생과 학부모가 혼연일체가 되어 새 학교 문화 창조의 과제를 추진하기 위한 빈틈없는 계획을 세워놓고 지혜를 짜내어 성실하게 추진함으로써, 학생 개개인의 소질과 적성을 개발·신장시켜 삶의 보람을 갖도록 노력하는 학교가 되어야 할 것이다.

끝으로 소질과 관련된 매우 중요하고 우리의 마음에 와 닿는 교훈적인 이야기를 소개한다. 조선시대 묵죽화로 유명한 유덕장은 어릴 때 부모님이 서당에 보내 놓으면 글공부는 하지 않고 그림만 그리었다. 보다 못한 아버지는 아들을 매로 종아리를 때렸는데, 유덕장이 마룻바닥에 떨어진 눈물방울을 손톱으로 튀기니 눈물방울 하나하나가 댓잎이 되었다.

　이 모습을 바라 본 아버지는 매를 놓고 "너는 천생 그림쟁이밖에 되지 못할 놈이야"하고 그림을 그리도록 두었다고 한다. 이후 유덕장은 이정, 신위와 함께 조선시대 3대 묵죽화가로 이름을 남겼다. 소질의 중요함을 시사하는 이야기다.

　오늘날 교육현장에서 똑같은 교재로 똑같은 지도방법으로 가르치고 배우면서 점수 따기를 바라는 학부형이나 선생님에게 소질 개발의 중요성을 시사하는 바가 크다. 공부를 잘하는 학생은 모범생으로 인정받고 그렇지 못하는 학생은 색안경을 끼고 지도하고 있는 우리의 교육 풍토, 교육 현실을 두고 볼 때 유덕장의 일화는 더욱 절실해진다. 새로운 교육방법과 방향을 모색해야 되겠다는 생각을 하면서 새 학교문화 창조에 매진해야 되겠다.

1999년 2월

모계고등학교 교지 ＜모원＞ 42집

새 천년의 설계

　지금 지구촌에는 새 천년을 맞이할 축제 준비가 한창이다. 우리나라에도 새천년을 위한 갖가지 프로그램을 짜놓고 그 날이 오기를 기다리고 있다. 온 세계가 온 나라가 이렇게 축제 분위기에 휩싸여 있는 것은 천년에 한 번밖에 오지 않는 시간에 대한 상징적 의미가 담겨 있을 뿐 아니라, 우리가 앞으로 새롭게 가야 할 좌표를 설정해 주는 뜻이 담겨 있다고 보아야 할 것이다.

　이제 21세기의 주인공이 될 청소년들은 이와 같은 축제 행사에 담겨 있는 상징적 의미를 깊이 깨달아 좌표를 정하고, 정확한 설계도를 그려 놓고 삶의 길을 걸어가야 할 시점에 서 있다.

다가오는 21세기는 변화와 발전의 속도가 괄목상대할 만큼 빨라질 것으로 보인다. 우선 2002학년도부터 대학 입시제도가 지금과는 판이하게 달라지고 교육과정도 바뀐다. 그리고 정보화가 급속도로 발전하여 세계가 하나의 생활권으로 안방에 앉아서 모든 정보를 얻게 된다. 이처럼 빠르게 변화하고 발전해 가는 현대사회에서 우리의 청소년들은 옛날식 사고방식에 사로잡혀 보수적인 사고를 답습한다면, 국제 경쟁 사회에서 낙오자가 될 것이다. 즉 교실에서 선생님이 떠먹여 주는 밥을 받아먹고, 선생님이 시키는 대로 밤 11시까지 대학에 들어가기 위하여 야간 자율학습을 하게 되면, 정보화 창의력 시대에 사는 청소년들의 자세가 아닐 뿐 아니라 시대에 역행하는 행위가 된다. 자기 주도적 학습능력을 배향하고 창의력을 기르고 적성과 소질을 계발하는 공부를 해야 한다.

2002학년도부터 바뀌는 7차 교육과정에도 그 교육목표를 "학문과 생활에 필요한 논리적 창의적 사고력과 태도를 기른다."로 명시하고 그 다음 항에는 "다

양한 분야의 지식과 기능을 익혀 적성과 소질에 맞게 진로를 개척하는 능력을 기른다.”로 되어 있다. 참으로 새 천년에 청소년들이 걸어가야 할 좌표와 설계도를 선정해 주는 이정표라 하지 않을 수 없다.

교육 목표에 명시되어 있는 바와 같이 창의성과 적성과 소질을 계발하는 것이 자기의 이상을 실현하는 바탕이요, 21세기를 살아가는 청소년들이 나아갈 방향이다.

창의력을 기르는 데는 생각과 사고가 바탕이 된다. 생각과 사고는 독서를 통해서 얻어지고 풍부해진다. 독서는 우리에게 많은 지식과 생활의 지혜와 정보를 줄 뿐 아니라, 풍부한 상상력과 사고력 그리고 사물에 대한 올바른 판단을 하게 되고 논리적 사고를 갖게 한다. 이런 과정을 통하여 얻어지는 것이 창의력이다. 좋은 대학을 졸업했다고 혹은 많은 학식을 가졌다고 해서 창의력이 얻어지는 것은 아니다. 사물에 대한 관찰력과 사고력 없이는 창의력을 얻을 수 없다. 컴퓨터의 황제 빌 게이츠나 발명의 왕인 에디슨도 결코 대학을 졸업한 인물이 아니었음을 우리는 알고 있다.

평소에 책을 많이 읽는 습관을 길러야 한다. 독서의 필요성은 오늘에 와서 강조하는 것은 아니다. 옛부터 책을 많이 읽는 민족은 흥왕의 길을 걸어왔고, 그렇지 못한 민족은 시련의 고배를 겪어야 했음을 우리의 역사가 증명해 주고 있다. 한 학교만 해도 학생들이 자기 주도적 학습능력을 배양하고 책을 많이 읽을 때 좋은 학교로 인정을 받는다. 결국 책과의 만남(좋은 책과의 만남)은 인생의 좌표를 결정짓는 바탕이 된다. 왜냐하면 책 속에는 내가 가야 할 수천수만의 길이 명시되어 있고 방향이 설정되어 있을 뿐 아니라, 책 속에는 없는 것이 없기 때문이다. 우리의 선인들은 책 속에는 아름다운 여자의 얼굴도 있고, 千種祿(돈)도 들어 있다고 노래하고 있다.

창의력은 생각과 사고가 바탕이 되지만 끊임없는 노력이 없이는 그 진가를 발휘할 수 없다. 아무리 훌륭한 창의력이 있어도 땀을 흘리는 노력이 없이는 이루어지지 않는다. 이 세상 모든 위대하고 가치가 있는 것은 땀과 근면의 산물이요 결과라는 것을 알아야 한다. 근면의 땀을 흘리지 않고는 인생의 위대한 업적을 성취할 수 없고 가치의 금자탑을 세울 수가 없다. 땀과 근면을 사랑하는 민족이 번영되고 행복할 수 있다는 것은 세계사가 증명해 주고 있다.

이제 새천년을 이끌어 갈 청소년 여러분은 독서를 많이 해서 사고력을 기르고 사물에 대한 올바른 판단력을 생활화하고, 창의력을 발휘하여 땀을 흘리면서 열심히 일하고 부지런히 힘쓰는 사람이 되어야 한다. 이것만이 21세기를 슬기롭게 살아갈 수 있는 길임을 깨닫고 준비해 주기를 바란다.

2000년 2월

모계고등학교 교지 < 모원 > 43집

꼬부랑
인생길

나의 중학시절

내가 모계중학교에 입학한 것은 1951년 9월 10일이다. 그 당시에는 학년 초가 9월이었기 때문에 오늘날의 학제와는 정반대이다. 때는 6·25 동란 중이었다. 6·25 동란은 정치, 경제, 교육 등 모든 분야를 마비시켰고, 온 나라를 초토화한 민족의 비극이었다. 그 가운데서도 배움에 대한 열망으로 40리가 넘는 길을 걸어서 배우고 익혔다. 당시에는 청도군에서 중학교는 모계 중학교밖에 없었으므로 왕복 40리가 넘는 길을 걸어서 다녔다. 모계 중학교는 군내 유일의 중학교로서 당시 선망의 대상이 되어 경쟁률도 상당히 높았던 것으로 기억된다. 내가 다녔던 각남 초등학교 졸업생이 95명이었는데 가정 형편이 어려워 진학을 포기한 학생들도 있었지만 모계 중학교에 입학한 학생이 겨우 12명이었다. 그 당시는 전쟁 중이므로 국군과 미군들의 군용 트럭들이 창녕과 현풍 비슬산의 격전지에 군인들을 실어 나를 뿐 일반 버스는 다니지 않았다. 부득이 우리 조무래기들은 걸어서 통학을 했다. 매일같이 학교 길에 코쟁이와 검둥이(흑인병사)들을 접하게 되자 그들이 먹는 과자나 껌이 몹시 먹고 싶었다. 처음에는 검둥이를 보고 무서워했으나 그들이 던져주는 초콜렛이나 껌을 씹는 맛에 친근감을 가졌다. 껌을 씹다가 버리기가 아까워 벽이나 기둥에 붙여 두었다가 이튿날 다시 씹기도 했다. 참으로 부끄러운 한 시절이었고 참담한 나라의 현실이었다.

1953년 7월 26일, 휴전을 맞이한 조무래기들은 중학교 3학년으로 성장하고 나라는 전쟁의 상흔을 씻기 위해 갖가지 시책을 마련하고 질서와 정리 정돈이 제자리로 돌아가고 있었다. 길거리는 군용차 대신 트럭이 다녔고, 버스도 청도에서 풍각까지 하루에 한두 차례 운행했다. 편도 20리(요즘 정확한 거리는

10km) 학교 길에 지친 우리는 버스를 타고 다닐 형편이 못되어 빈 트럭이나 이따금 다니는 군용차에 태워 달라고 애원하던 기억이 어제 일같이 선명하다.

20리 길을 걸어서 학교까지 가는 데는 1시간 30분 가량 소요되었는데 시험기간이 되면 길을 가면서 시험공부를 했다. 하루에 4과목 시험을 칠 때면 3과목은 미리 공부해 두지만 한 과목은 학교에 도착할 때까지 제날치기로 공부해야 했다. 물론 좋은 성적은 기대할 수 없었다.

내가 모계 중학교를 다른 아이들보다 특히 잘 알고 관심을 가진 것은 나의 선친께서 개교와 함께 모계 중학교 교사로 부임하셨기 때문이다. 초등학교 5학년 때의 일이다. 나는 아버지가 계시는 모계 중학교에 몹시 가보고 싶었다. 그래서 친구들을 꾀어서 20리 길을 걸어서 갔다. 그것은 친구들도 청도에 가면 모계 중학교 3층 건물이 있다는 것을 듣고 있었으며 전깃불과 기차가 어떻게 생겼는지 몹시 보고 싶었기 때문이다. 조무래기들은 20리 길도 멀지 않았다. 청도에 도착하자마자 3층 건물이 모습을 드러내었다.

사진으로 본 서울 중앙청 같은 건물을 보는 순간 마음이 압도되어 눈을 두리번거렸다. 여기서 아버지가 사 주시는 점심을 먹고 청도역으로 갔다. 거기서 기차가 지나가는 것을 보기 위해 몇 시간을 기다렸다. 이윽고 검은 연기를 뿜으며 줄을 달고 달리는 기차를 보는 순간 가슴이 벅차 올랐다. 어쩌다 비가 오는 날이면 비안개를 뚫고 기적 소리를 들었을 뿐, 몹시 보고 싶었던 순간들이다. 촌놈 중에도 왕촌놈, 촌놈이란 말이 이때 생긴 것이 아닌가 싶어 생각하니 우습기도 하고 부끄럽기도 하고 한편으로 추억이 되기도 하여 마음 한 구석을 채워주고 있다. 어리석거나 견문이 좁은 사람을 가리켜 촌놈이라 했고 자기 일에 충실하고 우직한 사람을 촌놈이라 했다. 몹시 모욕된 말로서 상대방의 기를 꺾는 방법에도 이 말을 사용했다.

국민학교를 졸업한 나는 아버지가 선생님으로 계시는 모계 중학교에 입학했다. 국민학교 때의 옷을 벗고 제복을 입고 교모를 쓰고 보니 의젓한 중학생이 되었다. 교복 소매 끝에서 7cm에 흰 티(줄)를 달고 단추는 다섯 개를 달아 꼭 잠근 모습이 그저 즐겁기만 하여 위아래를 자꾸 보았다. 교모는 모표를 모자 맨 앞에 달고 흰 줄을 둘렀다. 하도 좋아서 모표가 때 묻으면 벗겨서 흙으로 닦아 빛이 나도록 했다. 영어 시간에 처음 배운 "I am a school boy"를 말하는 것이 신기하고 자랑스러웠다. 아침 수업 시작하기 전과 점심시간에 축구공을 차고 노는 것이 즐거웠다. 초등학교 때 새끼줄을 말아서 공으로 차기도 하고 돼지 오줌통을 입으로 불어서 공을 만들어 차던 것에 비교하면 대단한 즐거움이었다.

2년 전 초등학교 5학년 때 보았던 3층 건물의 위용은 오래도록 가시지 않았다. 그러나 교실에 들어가 보았을 때 실망과 좌절감에 휩싸이고 말았다. 교실 안벽은 벽돌 그대로였고 1층 바닥에는 돌 자갈이 채워져 있었다. 2층 바닥은 송판을 깐 마루였는데 군데군데 사이가 벌어져 어떤 곳은 발이 빠져 들어갈 정도였다. 어쩌다 물을 쏟거나 개구쟁이들이 침을 뱉으면 아래층에서 고스란히 당해야 했다. 하루는 2층에서 종내기들의 장난이 너무 심하여 시끄러움을 견디

다 못한 선생님이 물통을 들고 와 물을 뿌리고 통에
든 물을 그대로 부은 일이 있었다. 1층에 있는 아이들
은 물난리를 맞아 옷이 젖어 추위에 떤 일이 있었다.
1층 교실 수업은 매일 돌자갈 위에서 했다. 견디다 못
해 교실에 깔아둔 돌자갈을 들채로 담아내고 가마니
를 깔고 수업을 했다. 그것도 여의치 못하여 또 자갈
을 채웠다. 하루 여섯 시간 수업에 한두 시간은 작업
시간으로 할애되었다. 그러나 우리는 배움에 대한 애
착과 애교심으로 한마디 불평도 하지 않고 선생님이
시키는 대로 일을 했다.

　그때는 상급생과 하급생의 위상이 대단했다. 상급
생에게 깍듯이 존경했고 길거리에서 상급생을 만나
면 경례를 해야 했다. 하급생으로서 행동이 불손하거
나 거만하게 굴었다가 상급생 교실에 끌려가서 무거
운 벌(구타)을 받아야 했다. 교문 입구에 선 규율 부
원, 어깨와 허리에 휘장을 두르고 '규율부'란 완장을
팔에 찬 규율 부원은 공포의 대상이 되었다. 선생님
보다 더 무서웠다. 지각을 하거나 복장 위반이 되면
이들에게 기압을 받아야 했기 때문이다. 이처럼 어린

나에게 애환이 깃들어 있는 나의 모교 모계 중학교는 1983년 1월 26일 화마로 인하여 길이 눈을 감고 말았다. 그러나 건물은 불에 타 없어졌으나 관재 선생의 설립 정신은 모계 가족과 우리 군민들의 가슴을 움직여 많은 성금과 각계각층의 후원금으로 현대식 건물로 새롭게 지어졌다.

이제 50년의 길을 걸어오는 동안 나의 모교, 모계 중학교는 나라의 어려움과 함께 많은 어려움을 겪어 왔다. 개교의 이상과 목적이 채 실현되기도 전에 농지 개혁(1949년 6월 21일)으로 만석의 재산을 소작인들에게 빼앗겨 어려움을 겪었고, 설립자 관재 선생의 별세, 남녀 공학의 분리, 임시 이사 선정, 본관 화재 등 많은 수난기를 겪었으며 나라의 정세로는 정부 수립 이후 나라의 혼란, 6·25 동란, 4·19 혁명, 5·16 군사혁명, 5·18 광주 민주화 운동 등을 보아왔다. 교육정책으로는 학제 변경을 위시하여 교육에 대한 긴급 조치 시기, 교수 요목기를 거쳐 1차 교육과정에서 6차 교육과정 변경에 이르기까지 많은 것을 겪어왔다. 이처럼 많은 어려움을 이겨내고 여기까지 걸어

온 나의 모교 모계중학교는 군내 중심학교로 우뚝 서서 자랑스럽기만 하다.

실로 50년을 되돌아보면 감개무량하다. 우리가 중학교 3학년 때 소달구지를 끌고 소라리에서 캐다 심은 교문 앞 모과나무는 모계학원의 역사를 말해주는 듯 그대로 서 있고 그 때의 개구쟁이들은 예순의 고개를 넘어 고희의 고지를 향하여 걸어가고 있다. 참으로 인생의 무상을 느끼면서 나는 오늘도 애환이 깃들어 있는 모교에서 교편을 잡고 있다.

-《모계학원 50년사》에서 발췌

공부가 보배인데

내가 담임을 맡은 고3학년 3반 교실.

오늘 아침 조례 시간 교실 분위기가 착 가라앉아 아이들 웃음소리가 없다. 빈 책상 위에 꽃 몇 송이와 책가방이 덩그러니 놓여 있고, 책상 주인공을 위해 쓴 글도 보였다. 나는 그 종이를 덥썩 집어 들었다.

- 급우의 죽음을 애도하며-

어제 한 급우가 스스로 목숨을 끊었다.
성화처럼 타오르는 젊음의 불을 끄고
말없이 교실을 떠났다.

부모님께 꾸지람 듣고
공부하기 싫다
죽고 싶다 하더니
너는 기어코 우리를 떠났구나.
이 바보 같은 인간아.

슬프다.
우리 모두의 가슴에 상처를 주고 떠나간 수철아.
명복을 빈다.
네가 앉았던 자리에 정적이 흐르는구나.

어디서 들려오는 오열에
하늘도 울고
땅도 울고
나도 울었다.

나는 두 손으로 너의 책상 위에
책가방을 놓아둔다.
우리 모두 공부에 한 맺힌 인생이 아니냐.
죽어서도 공부는 해야지.

나는 이 글을 묵독한 후 학급 실장에게 읽어라고 했

다. 실장이 다 읽은 후 교실 분위기를 살피면서,

"너희들, 어제 수철이 사건 다 알지."

학생들은 말이 없다.

"천하에 불효막심한 놈, 선생님을 배신한 놈. 어찌 이를 수 있나. 자, 우리 모두 수철이의 명복을 비는 묵념을 하자. 일동 묵념…… 바로"

몇몇 아이들은 눈물을 글썽이며 머리를 숙이고 있다. 1교시 수업 시작종이 울린다. 이날 오후 나는 반 학생 몇 명을 데리고 침통한 마음으로 수철이 집을 방문했다. 집의 분위기는 예상대로 정적이 흐르는 말 그대로 초상집이다.

"부형님, 수철이 담임입니다. 슬픈 소식을 듣고 왔습니다."

학부형은 눈물을 글썽이며,

"선생님, 고맙습니다. 자식 복 없는 놈 용서하이소. 선생님께 걱정을 끼쳐서 볼 면목이 없고 죄송합니더."

"어-어- 아닙니다. 저-- 무슨 말씀을 드려야 좋을지 모르겠습니다. 내가 제대로 지도를 잘못한 거 같습니다. 내가 오히려 죄송합니다. 이때까지 내가 데리고 있다가 섭섭합니다."

"선생님, 익으라는 고기는 안 익고 꼬챙이만 탑디더. 공부가 보배인데 학교에 보내놓으니 공부는 안 하고 맨날 놀러만 다닙디더. 공부에 한이 맺혀 지(자기)가 공부만 잘하면 똥 묻은 바지를 팔아서라도 대학까지 보내려고 했는데, 부모가 한소리 한다고 이 지경이 됐심더. 참, 어이가 없심더."

"예, 부모 마음 다 그런 것 아닙니까. 학교에서는 선생님 말 잘 듣고 교우 관계도 원만합니다. 어찌하겠습니까. 엎질러진 물이지요. 평온을 찾으십시오."

"나 참, 선생님. 누추하지만 방에 좀 들어가입시더. 차나 한잔 마시고요."

"어- 어-. 괜찮습니다. 이만 가겠습니다."

"이래 맨입으로 보내서 되겠습니꺼. 아이들 가르치느라 바쁜데, 여기까지 오셔서."

"괜찮습니다. 그럼 가보겠습니다."

학생 문상을 마치고 문을 나오는 순간 애도의 마음은 온데간데 없고, 가슴을 짓누르는 압박감이 머리를 스친다. 학교에 돌아와 책상 앞에 앉아서 나를 찾는 시간을 가졌다. 그리고 곰곰이 생각하니 학부형 말이 가슴에 남는다. "공부가 보배라."

학생을 어떻게 가르쳐야 이와 같은 불행이 일어나지 않을까 한참 생각하니, 학술적으로 논하기는 벅차고 어려우나 수박 겉핥기로 본다면 교육 활동의 주체는 교사와 학생이다. 교사는 학생을 사랑으로 지도하고 학생은 은혜로운 마음으로 지도를 받아야 전인교육이 이룩된다는 것이 통념이다. 특히 교사는 가르치는 주체로 나침반과 같다는 것이 나의 교육관이다.

나침반이 뱃길을 가리켜 주듯이 교사는 학생들이 바른길로 가도록 이끌어 주는 나침반이다. 만일 나침반이 고장 나면 그 배의 운명은 어떻게 될까. 망망대해에서 방향도 잃고 표류하다가 세찬 파도에 휩쓸려 침몰하고 만다. 생각만 해도 끔찍하다. 이렇게 볼 때 교사는 배의 선장으로서 학생에 대하여 무한 책임을 져야 한다. "사표" "교육의 질은 교사의 질을 능가할 수 없다." "선생님의 걸음걸이 하나까지 학생은 닮는다." 이런 말들은 교사의 품위, 투철한 교육관, 자질을 대변하는 명언이다. 우리 자격증에 명시해야 한다고 믿는다. 또한, 교육은 수레의 두 바퀴와 같아서 教(학력)의 바퀴와 育(인성)의 바퀴가 균형을 이루어 굴러야만 교육이란 무거운 짐을 싣고 갈 수 있다.

그러나 우리의 교육 현실을 보면 育의 바퀴, 즉 인성의 바퀴가 고장이 나서 수레에 실려 있는 짐은 한쪽으로 기울고 있다. 어설픈 기술자 여러 명이 오래도록 고치고 있지만, 그 고장이 너무 깊어서 쉽게 고쳐지지 않는다. 그러는 사이 그 수레를 타고 가는 우리 아이들은 방황하고 있다. 어제 교실을 떠나보낸 내 반 아이도 인성의 바퀴가 고장 난 수레를 타고 가다가 절벽에 떨어져 희생되었다. 아직도 인성 교육에 대한 의지와 인식은 소홀하고 학력에만 교육력을 쏟고 있다. 그 결과 우리의 사회상은 어떻게 되어있는가. 수많은 학생들이 자살하고 수많은 지도층 인사들이 부정과 비리로 감옥에 가 있다. 이들 모두가 인성의 바퀴가 고장 난 수레를 타고 다닌 사람들이다.

이제 밝고 건전한 사회가 되려면 교육에 대한 우리의 고정 관념을 버려야 한다. 공부(학력)만 잘하는 학생이 우등생이란 생각, 점수로 줄 세우기, 이런 망

령된 교육관은 과감하게 쓰레기통에 버리고 학생 개개인이 가지고 있는 소질과 능력을 신장시켜 꿈과 이상을 실현할 수 있도록 지도하고 이끌어 주어야 한다. 학부형의 말대로 공부가 보배이긴 하지만 진짜 보배가 되려면 귀걸이도 되고 코걸이도 되어야 한다. 그 보배가 돈으로만 되어서는 안 된다.

　인성의 성분이 들어있지 않는 보배는 가치가 없다. 조선시대 교양서인 小學(소학)에 "行有餘力, 則以學文"이란 명언이 있다. 행하고 남은 힘이 있으면 글을 배워라. 부언하면 행실(인성)을 먼저 닦아 놓고 그 바탕 위에 글을 배우라는 뜻이다. 인성의 중요성을 가르친 촌철살인의 경구로 우리 모두 마음의 뜨락에 비문으로 새겨놓고 가슴에 명찰로 달고 다녀야 한다. 나는 이 명언의 뜻을 그대로 살려 내 반의 급훈을 "행실을 먼저, 배움은 나중"으로 정하여 때때로 아침 조례, 오후 종례 때 아이들에게 설명한다. 오늘은 학생의 자살과 관련하여 입에 침이 마르도록 얘기했다. 이런저런 생각을 하다 보니 해가 저물었다. 퇴근길을 걸으면서, 교사이기 전에 아버지로서 연민의 정을 금할 수 없다.

이튿날 출근했다. 출석부를 꺼내는 손이 무거웠다. 이수철 이름에 붉은 줄을 그어 놓고 여느 때와 같이 교실에 들어갔다. 교탁 앞에 서니 어제 상문 갔던 세 학생과 눈이 마주쳤다. 한동안 학생을 바라보다가.

"명수, 일어서 봐."

명수의 눈이 둥그레져, 힘없이 일어선다.

"어제 수철이 집에 가서 수철이 아버지가 하신 말에 느낌이 없나?"

갑작스런 질문에 당황한 듯, 한참 교실 천장을 쳐다보다가,

"예, 저는 공부가 보배라는 뜻이 무엇인지 알았습니다."

"무슨 뜻이냐?"

"열심히 공부하면 학력이 쌓여 그 학력이 출세의 바탕이 된다는 뜻입니다."

"그래, 너는 수철이 아버지한테 보배를 얻어왔네. 공부도 중요하지만 우리 학급을 위하여 할 일이 없나?"

"예. 생각해 보겠습니다."

나는 딱딱한 교실 분위기를 바꾸기 위하여,

"자. 우리 즐거운 하루가 되도록 박수 한 번 치자."

와— 박수 소리가 교실에 가득 차고 웃음소리가 창문을 넘는다.

"다음, 정희 일어서 봐."

"예"

"너는 느낀 점 없나?"

"예, 저는 부모님의 마음을 알게 되고 부모님께 효도해야 되겠다는 마음을 가졌습니다."

"그럼, 이때까지 부모님의 마음을 몰랐나?"

"아닙니다. 새삼스럽게 느꼈습니다."

"그래"

"다음, 지호는?"

"예, 저는 남의 말을 긍정적으로 받아들이는 마음 자세를 갖게 되었습니다."

"아, 그래 수철이처럼 아버지의 말을 부정적으로 받아들여서는 안 되겠다는 생각이냐?"

"예, 그렇습니다."

선 자리에서 지호는 말을 할 듯 말 듯 하다가,

"선생님, 질문이 있습니다."

"응, 그래 말해 봐."

"수철이 아버님께서 말씀하신 '익어란 고기는 안 익고 꼬챙이만 탄다.'란 무슨 뜻입니까?"

"응, 그래, 좋은 질문이다. 우리 부모들이 흔히 하는 말인데, 격언이다. 저번 국어 시간에 원관념과 보조 관념에 대해 설명했잖아. 고기와 꼬챙이는 보조관념이다. 이에 대하여 다음 국어 시간에서 공부해 보자, 숙제로 공부해 오너라."

아이들과 대화를 마치니 9시, 1교시 시작종이 울린다. 오늘은 국어 수업 3시간, 어느덧 6교시가 끝나는 종소리. 학급 종례를 빨리 끝내고 교무실 의자에 앉아 창밖을 내다보니 빈 운동장엔 참새 몇 마리가 모이를 찾고 있다.

어디서 들려오는 또 다른 종소리.

해가 저문다.

1984년 7월 4일 수요일 비가 내림

賀古稀吟
고희를 기념하여 읊음

丙戌嘉平歲晚天

병술년(2006) 십이월 해는 저무는데

金門景福古稀宴

김씨 가문에 큰 복으로 고희연이 열렸구나

堅心闡理淸高士

마음 굳게 도리 밝혀 청고한 선비가 되었고

擴道傾誠脫灑仙

도 넓히고 정성 기울여 세풍을 씻은 신선이로세

宿昔多憂殲滅絶

수많은 묵은 근심 모두 다 없애고 끊어내어

來臨吉瑞護持專

다가오는 길조를 잘 지켜 온전히 할 것이로고

芝蘭秀氣恒盈宅

지초 난초의 빼어난 기상 항상 집에 가득하니

禱祝芳名永世傳

아름다운 명성이 영세토록 전해지길 빕니다

-丙戌冬 鐵城李相勳 進獻 -

2006년 겨울 동서 이상훈 삼가 올림